ABITUDINI POSITIVE

Come prendere il controllo della tua vita,
impostare degli obiettivi e raggiungerli...
...anche se ora ti sembra impossibile

VINCENZO COLOMBO

Copyright 2020 – Vincenzo Colombo.

Tutti i diritti riservati. Qualsiasi tipo di riproduzione del seguente testo è severamente vietata.

Sommario

Introduzione: che cos'è un'abitudine? _____ 6

I benefici delle abitudini positive e potenzianti _____ 10

Come aumentare la propria motivazione, energia e voglia di fare _____ 19

L'importanza dell'immagine di sé per formare abitudini durature ed efficaci _____ 37

Come formare un'abitudine da zero e mantenerla nel tempo _____ 50

Come costruire un rituale mattutino per sviluppare disciplina e positività durante la giornata _____ 62

Come rimuovere abitudini negative e de-potenzianti ___ 78

L'attitudine delle persone di successo verso la vita _____ 94

Conclusione _____ 112

Consigli di lettura _____ 114

Introduzione: che cos'è un'abitudine?

Come definizione generale di 'abitudine', troviamo: "tendenza alla continuazione o ripetizione di un determinato comportamento, collegabile a fattori naturali o acquisiti, e riconducibile al concetto di consuetudine o di assuefazione".

Come diceva Aristotele: "Noi siamo quello che facciamo ripetutamente". Dunque noi siamo le nostre abitudini o, più correttamente, la somma delle nostre abitudini.

L'abitudine è un'azione svolta in modo ripetitivo e costante. La nostra vita, anche se non ce ne accorgiamo, è costellata di abitudini, sia positive, come allenarsi ogni giorno o leggere un buon libro, sia negative, come consumare regolarmente alcol o fumare.

Ed ancora, nel 1892 William James citava: "La nostra vita, in quanto ha una forma definita, è soltanto una massa di abitudini pratiche".

Questa frase provoca in molti un ironico sorriso, perché è inimmaginabile pensare di ridurre la nostra vita a una serie di abitudini.

In realtà, recenti ricerche mostrano che passiamo oltre il 40% del tempo a compiere gesti abitudinari, routine delle quali siamo più o meno consapevoli.

Il discorso sulle abitudini sta diventando sempre più popolare negli ultimi anni, nel mondo del self-help e della crescita personale, e numerose sono le ricerche svolte in questo campo.

Le abitudini hanno una tale importanza nella nostra vita che hanno il potere di cambiare la struttura del nostro cervello. Proprio così: continuando a ripetere un'azione in maniera costante, il cervello cambierà la sua struttura. Questa straordinaria proprietà della nostra mente è nota come neuro-plasticità.

Il cervello forma connessioni neurali in base alle azioni che vengono svolte ripetutamente ogni giorno. In altre parole, ogni volta che ci comportiamo allo stesso modo, qualcosa nel nostro cervello viene attivato e rafforzato. Tutto ciò è affascinante, e contribuisce a radicare in noi le sane abitudini positive. Il problema è che, purtroppo, questa dinamica vale anche per le abitudini negative.

Per capire meglio da dove provengano queste azioni che, se ripetute quotidianamente, diventano in pratica le nostre abitudini, basta pensare alla vita odierna. Spesso ci adattiamo a modelli che vediamo attorno a noi, a volte senza nemmeno accorgercene, ne veniamo passivamente influenzati. Da ciò possono scaturire le buone abitudini, come alzarsi ogni mattina di buon'ora, o coricarsi ogni sera alla stessa ora, mantenere un'alimentazione equilibrata, o esercitarci ogni giorno a suonare il nostro strumento preferito.

Più spesso però, subendo passivamente i modelli attorno a noi, sono le abitudini negative a scaturire: così ci ritroviamo a fumare, o a bere, perché i nostri famigliari fumano, o perché gli amici nella nostra compagnia bevono. Oppure semplicemente acquisiamo queste cattive abitudini perché ci viene vietato di farlo, e allora, credendo di rivendicare chissà quale libertà, o per uscire dagli schemi e dalle preoccupazioni quotidiane, iniziamo anche noi ad accendere sigarette e a scolare bottiglie.

Per quanto questa possa sembrare una reazione libera, in realtà non lo è affatto, è dettata da uno schema di comportamento, da un modello di condotta che abbiamo interiorizzato. Spesso ci comportiamo da robot programmati per reagire, anziché agire, senza riflettere affatto, sull'onda dell'emotività.

Gli schemi comportamentali che seguiamo possono essere tramandati da generazioni, oppure acquisiti nel corso della vita. La psicologia ci insegna che le esperienze dei primi sette anni di vita sono quelle che ci segnano profondamente e restano più impresse, ma può capitare di sviluppare ed interiorizzare uno schema in qualsiasi fase della nostra vita.

Le abitudini acquisite possono cambiare la nostra vita in meglio, ed aiutarci a sfruttare il nostro potenziale, o, al contrario, possono intrappolarci in schemi comportamentali deleteri ed impedirci di migliorare ed innalzare il nostro livello. Nei prossimi capitoli approfondiremo meglio tutti questi aspetti.

I benefici delle abitudini positive e potenzianti

Le abitudini sono assai utili nella nostra vita quotidiana perché ci consentono di seguire degli "schemi", e di non dover spendere tempo ed energie a prendere decisioni nuove per ogni azione che svolgiamo. Così, nella nostra mente, risiede una struttura formata da abitudini maggiori ed altre minori, alcune positive, ed altre un po' meno. Il cervello stesso ci permette di risparmiare tempo e usarlo per ciò che davvero è funzionale alla nostra vita.

Proviamo dunque ad immaginare gli innumerevoli benefici di una serie di abitudini sane e corrette, che potrebbero cambiare in meglio la nostra esistenza, renderci più felici ed in buona salute. Ad esempio, dovremmo dormire ogni giorno per il tempo a noi necessario, per la quantità di ore che pensiamo ci faccia sentire riposati e pronti ad affrontare la giornata con grinta.

Il sonno è fondamentale e terapeutico, soprattutto se vogliamo essere svegli, pronti, e se vogliamo prendere le giuste decisioni. Ed ancora, prima di mangiare, dovremmo domandarci se effettivamente abbiamo fame. Spesso, infatti, ingurgitiamo cibo pur non essendo affamati, oppure per noia o nervosismo, senza renderci conto che magari abbiamo solo sete. Ponendoci questa domanda, permetteremo al corpo di evitare un dispendioso lavoro di smaltimento, e di restare più agili e leggeri, proprio come il corpo stesso vorrebbe essere.

Questo non significa doverci controllare o trattenere ogni volta che abbiamo voglia di fare uno spuntino, ma semplicemente significa essere più coscienti delle nostre vere necessità. Ne ricaveremo senz'altro sensazioni di benessere sorprendenti.

Un'altra abitudine sana e funzionale al raggiungimento di buone abitudini gratificanti è quella di premiarsi in modi differenti. Guardando attentamente dentro di noi, chiedendoci quali realmente siano i nostri bisogni e desideri, diamo inizio ad un processo che ci permette lentamente di riscoprirci, traendone moltissime possibilità per essere completi e felici con noi stessi. È importante, di tanto in tanto, concedersi un premio, una ricompensa, guardarsi allo specchio e dirsi "Sei stato davvero bravo, complimenti!", "Non pensavo ce l'avrei mai fatta, ma eccomi qui, sono un vincitore!". Ed esserne davvero convinti. Questo stimolerà in noi la motivazione, e la voglia di fare sempre meglio.

Al contrario, se qualche volta non ci sentiamo soddisfatti di noi stessi per come stiamo procedendo verso la meta – ad esempio, un giorno siamo estremamente pigri - mettiamo pure in atto un sistema di sanzioni personali, che ci stimoleranno a fare meglio e ad andare avanti. Ciò è importante, perché la messa in atto di sanzioni personali aiuta a generare in noi dolore, insoddisfazione, quando manchiamo il bersaglio. Ad esempio, imponiamoci di resistere a quel delizioso dolce che ci aspetta nel frigorifero dopo cena, e ce lo concederemo domani, perché oggi non è affatto meritato.

La felicità, in genere, è una conseguenza dell'essere utili agli altri e del donare agli altri la versione migliore di se stessi. Quindi, è bene abituarsi ad essere nel contesto dove si è più utili, in base alle proprie abilità, attitudini, conoscenze. Questo porterà senz'altro a risultati positivi e ad un accrescimento della felicità, sia nostra che altrui.

Molte azioni che ogni giorno ripetiamo sempre uguali, quasi codificate, hanno l'effetto benefico di attenuare ansie ed inquietudini, secondo i neuro-scienziati. Così alzarsi ogni giorno alla stessa ora, andare al consueto lavoro, inviare un SMS ad un amico prima di andare a letto, sono alcuni esempi di azioni-abitudini che possono migliorare il nostro benessere psicofisico. Nel contesto della vita moderna, sempre più competitivo e performante, i rituali e i momenti che ritagliamo per noi stessi, o ad esempio le rassicuranti abitudini di coppia, assumono una fondamentale funzione protettiva che ci mette al riparo da stress e turbolenze.

Detto ciò, si comprende l'importanza delle abitudini giornaliere. Guardiamo l'esempio della natura, in particolare del mondo animale. Molti animali selvatici, tra cui i pinguini e i lupi, quando si accoppiano divengono monogami ed abitudinari. Questo è per loro un modo di enfatizzare la loro intimità ed affrontare più efficacemente le minacce esterne, o di soddisfare le loro necessità primarie, come quella di procacciarsi il cibo. La routine diviene così un cerchio protettivo, forma avvolgente e funzionale.

Nella vita odierna, potremmo paragonare la routine al nostro "tran tran" quotidiano. Ma in definitiva, a cosa serve questa routine, o "tran tran"? Al giorno d'oggi, competizione, rapidità ed efficienza fanno pressione su di noi, è quasi impossibile sottrarsene. In tale atmosfera di vita, il tran-tran è come un bioritmo protettivo, quasi materno, che fornisce solide fondamenta per intraprendere poi tutto ciò che la vita ci richiede, e per affrontare con successo le novità ed i cambiamenti.

Ripetere un'azione, un movimento, un certo "schema", vuol dire trovare il proprio ritmo nella vita, che è soggettivo, diverso per ognuno, come fosse il proprio respiro, che allevia l'inquietudine. Dovendo costantemente fronteggiare cambiamenti ed imprevisti che ci mettono a dura prova, si possono manifestare tensioni, nuove paure, inquietudini, che possono persino aggravare quelle esistenti. Inoltre, nel turbinio di cambiamenti in cui siamo risucchiati, e nel tentativo di adattarci, modellare noi stessi alle richieste provenienti dall'esterno, non c'è modo di guardare dentro di noi, di ascoltare le emozioni, di elaborarle e trasformare dunque l'inquietudine in qualcosa di positivo, come creatività o energia positiva per affrontare nuove sfide.

Come detto in precedenza, queste abitudini, o routine, producono dei reali benefici a livello psicofisico. Il nostro metabolismo raggiungerà un maggiore equilibrio seguendo una routine. Vediamo più nel dettaglio. Una sovrabbondanza di stimoli rapidi e ripetuti va a bombardare il cervello, innalzando lo stress e i livelli di cortisolo, cosa che nel lungo termine può danneggiare gravemente i circuiti cerebrali, aumentare l'inquietudine, peggiorare la memoria e la capacità di apprendimento, e persino ridurre le dimensioni dell'ippocampo.

Se invece somministriamo a noi stessi ritmi un po' monotoni, senza colpi di scena e cambiamenti repentini, l'organismo ne beneficerà, stimolerà un'equilibrata produzione di ormone della crescita HGH. Un effetto assai positivo è quello di incrementare il metabolismo del grasso, permettendo al corpo di trattenere glucosio e quindi di ridurre la produzione di eccessiva insulina, ormone che scatena la voglia di mangiare, anche quando in realtà il nostro corpo non ne ha bisogno. Routine e buone abitudini equivalgono anche ad equilibrare il ciclo di dopamina e serotonina, ormoni che hanno un ruolo centrale nel rilascio delle quantità di melatonina, e conseguentemente nella corretta alternanza del ciclo sonno-veglia.

Notevoli sono i vantaggi delle abitudini per la salute mentale. Innanzitutto, la routine dà senso alla vita. Non è un caso che le persone che seguono una routine siano più motivate in tutto ciò che fanno. Potremmo chiamare questo primo vantaggio significatività.

Poi, la struttura. Sapere in anticipo che cosa ci aspetta, aiuta senz'altro ad essere pronti a varie evenienze, ad avere meno ansie e dunque ha per noi un effetto rassicurante. È anche vero che la pratica, nel tempo, rende perfetti. La routine, nel senso di pratica quotidiana costante, ci rende sempre più efficienti, perché perfezioniamo le attività che normalmente svolgiamo. Un altro vantaggio è dunque l'efficienza.

Pensiamo inoltre al senso di realizzazione che viene dallo svolgere bene un'attività e portarla a termine. Potremmo definire questa sensazione come slancio. Poiché anche il portare a termine un'attività con successo nel tempo diventerà un'abitudine intrinseca, il raggiungimento di obiettivi sarà sempre più facile, il che ci spingerà sempre di più a migliorarci. Quasi come uno slancio vitale.

Parliamo ora di priorità: la routine dà priorità a ciò che conta davvero. Infatti, nello sviluppare una routine fatta di abitudini sane, prendiamo in considerazione le nostre necessità, i nostri principi, e in generale ciò che ci fa stare bene, escludendo gli aspetti per noi irrilevanti. Saper distinguere gli aspetti per noi importanti, e scartare il non necessario, ciò a cui non vogliamo dedicare il nostro tempo, è importante nel raggiungimento degli obiettivi di vita e della nostra realizzazione personale.

Ed infine, parliamo di sane abitudini. Se vogliamo condurre una vita salutare, seguire una routine diventa imprescindibile. Fare qualcosa ogni giorno, ci aiuta a creare un rituale, un ordine, che diventa parte integrante del nostro modus vivendi, nel quale possiamo ritrovare noi stessi e il nostro equilibrio.

Fermiamoci anche a riflettere sulla frase "la felicità non è l'assenza di problemi, è la capacità di gestirli".

Se applichiamo questa frase alla vita di tutti i giorni, notiamo come di solito affrontiamo la quantità di problemi che si presentano semplicemente attuando soluzioni di successo, che poi nient'altro sono se non la ripetizione di ciò che abbiamo fatto giorni o settimane prima. Soluzioni che già conosciamo ed abbiamo collaudato con la nostra personale esperienza, in definitiva si parla ancora una volta di abitudini.

Infine, le abitudini e la routine sono linee guida dell'apprendimento. Leggere, parlare o camminare richiedono sforzo e persistenza, poiché le abilità con cui nasciamo non sono tutte innate. È proprio grazie alle abitudini e alla ripetizione che riusciamo a perfezionare un grande numero di utilissime abilità che favoriscono la nostra vita ed il nostro benessere.

Al giorno d'oggi, per esempio, una qualità largamente apprezzata è la creatività, che ovviamente non è una caratteristica unica delle persone che hanno una vita sempre avventurosa o una mente disorganizzata, né una dote esclusivamente innata. In una certa misura, si può apprendere la dote della creatività, e si può lavorare su tecniche dalle quali nascono soluzioni creative. La pratica e l'abitudine sono il modo per riuscirci. Citiamo a questo proposito George Bernard Shaw: "La vita non consiste nel trovare se stessi, bensì nel creare se stessi".

Capiamo dunque come molte delle connotazioni negative che attribuiamo all'espressione 'vita routinaria' siano in realtà errate. Come viviamo la routine, come da essa riusciamo a trarre beneficio, dipende tutto da noi. Come già detto, è dunque essenziale saper organizzare il proprio tempo, stabilire le priorità, sapere distinguere tra utile e futile, vantaggioso e dannoso, favorire le abilità necessarie. Tutto questo comporta sì sforzo e lavoro, ma una volta trovare le corrette abitudini per se stessi, sarà aperta la via alla felicità. Essere sempre alla ricerca della novità, invece, può garantire soddisfazione nel breve termine, ma a lungo andare diventa logorante, dunque è sconsigliabile.

Come aumentare la propria motivazione, energia e voglia di fare

Abbiamo menzionato come molte attività che intraprendiamo e che, nel tempo, diventano abitudini, richiedano sforzo e persistenza da parte nostra. A questo proposito, vediamo come è possibile trovare maggiore motivazione all'azione, sia in noi stessi, che nell'ambiente circostante.

La motivazione è il motivo, o l'insieme di motivi, per mettere in atto comportamenti, azioni, per agire. Con un intento per noi importante, un desiderio, uno scopo chiaro e preciso verso cui muoverci, niente può fermarci, tranne appunto la perdita della motivazione stessa. Spesso tendiamo a stancarci presto delle cose che intraprendiamo, a scoraggiarci, siamo volubili, ma a tutto questo può essere posto rimedio dandosi una disciplina e seguendo alcune semplici ma efficaci strategie. E' strano, ma spesso siamo più motivati a fare cose per gli altri, invece che per noi stessi e per la nostra vita, magari anche a causa della mentalità in cui siamo stati cresciuti ed educati.

Oppure facciamo cose quotidianamente più per dovere che per piacere, e questo ci lascia ben poca energia residua da incanalare negli ambiziosi progetti personali, che ovviamente hanno bisogno di tempo, di scelte giuste e consapevoli e di sufficiente motivazione.

Premettiamo che trovare sempre la motivazione per raggiungere un obiettivo non è semplice. Ci sono quei giorni in cui vorremmo solamente stare distesi sul divano a consumare uno snack e messaggiare al cellulare, o magari non abbiamo l'umore giusto e la forza d'animo necessari uscire di casa e per metterci al lavoro. A tutti sono senz'altro capitati giorni di questo tipo.

Fortunatamente, ci sono alcune azioni concrete ed immediate che possono aiutarci sin da subito a contrastare la carenza di motivazione. Tali azioni, se mantenute nel tempo, diverranno appunto delle abitudini positive e funzionali al raggiungimento dei nostri obiettivi, tra cui anche l'acquisizione di abitudini stesse.

La prima e più semplice azione è quella di cominciare. Semplicemente, fare il primo passo. Per quanto faticoso possa sembrare, una volta dato il via, sarà più semplice proseguire, anche quando non si ha la minima voglia di iniziare a fare qualcosa. Come insegna il detto "l'appetito vien mangiando", così a questo proposito potremmo dire "la voglia di fare vien facendo, lavorando".

Se non hai voglia di allenarti, metti le scarpe da ginnastica, prepara la borsa ed esci di casa. Se non hai voglia di lavorare alla tua tesi, accendi il computer e inizia digitare le prime righe. L'unica cosa da non fare è mettersi a pensare, poiché se indugiamo a pensare e siamo già demotivati in partenza, il cervello non farà altro che trovare ottime ragioni per continuare a non fare quello che dovremmo già stare facendo. Se semplicemente cominciamo, tutto il resto verrà da sé.

Utile è anche imporsi una scadenza rigida. Se si teme di non riuscire a completare un'attività ed il tempo stringe, è utile prefissarsi una scadenza ambiziosa. In questo modo, la scarsità di tempo residuo ed il senso di urgenza daranno una spinta notevole alla nostra motivazione, come se ci fosse un conto alla rovescia in corso. Chiaramente questa scadenza deve essere alla nostra portata, il che ci aiuterà a rimanere concentrati sul nostro obiettivo, e a non strafare. Questo standard minimo da portare a termini tutti i giorni deve essere rispettato, ed è fondamentale per continuare a lavorare in modo costante. Se per svariati motivi ci accorgiamo di non riuscire a rispettare tale standard, dobbiamo organizzarci in tempo per recuperare.

Gli obiettivi quotidiani stabiliti devono essere definiti ed ispiranti, sfidanti, ma comunque realizzabili. Se proseguiamo nella direzione stabilita con successo, possiamo osare chiederci un poco in più ogni giorno, man mano diventerà un processo naturale, che ci farà crescere e maturare anche nella conoscenza e padronanza di noi stessi.

Riguardo a questi obiettivi, possiamo mettere per iscritto i "perché" dei nostri obiettivi, ossia delineare il vero proposito di questo obiettivo, altrimenti quest'ultimo sarà privo di senso e non verrà probabilmente raggiunto. Prendere un foglio di carta, ed iniziare ad elencare i dieci motivi per cui vogliamo raggiungere i nostri obiettivi prefissati può servire, specialmente se abbiamo perso quella motivazione che ci aveva spinti in partenza. Proviamo ad immaginare come ci sentiremo soddisfatti una volta che avremo tagliato il traguardo, cosa avremo concretamente ottenuto, come gli altri ci elogeranno. Così troveremo senz'altro la voglia di rimetterci all'opera.

Se dovessimo renderci conto che tali obiettivi fissati siano troppo sfidanti, potremmo adottare la strategia di suddividerli in azioni da mezz'ora, o un'ora ciascuna. Un grande obiettivo può richiedere mesi o persino anni di lavoro, e dunque è facile smarrire la rotta. Proviamo allora a scomporre il nostro obiettivo in azioni sempre minori, fino a trovare un'azione che possiamo da subito svolgere e completare in un'ora massimo.

Altra avvertenza: non abbiamo fretta di raggiungere il nostro micro o macro-obiettivo, non bruciamo le tappe. Come ben sappiamo, all'inizio di un progetto, o appena fissato un nuovo obiettivo, la nostra motivazione è alle stelle, ma ben presto comincia a calare. Se vogliamo mantenere costante l'iniziale livello di motivazione, cerchiamo di non bruciare le tappe, ma di procedere a piccoli passi. Come in una maratona: non partiamo scattando e perdendo in fretta tutte le nostre energie entro i primi di 5 km. Iniziamo gradualmente, e conserviamo così l'energia per le tappe successive. In tal modo, distribuiremo in tutte le successive fasi la nostra forte motivazione di partenza.

E perché non posizionare un'immagine positiva che ci ricordi il nostro ambito obiettivo in un posto ben visibile? Questo accorgimento può essere utile come rimando immediato all'obiettivo, quasi fungendo da ponte, e per ritrovare la motivazione smarrita. La perdita di motivazione può scaturire dalla momentanea dimenticanza del nostro obiettivo. Così avere l'immagine che ci rimanda al nostro obiettivo, funge da potente "reminder". Possiamo posizionare queste immagini funzionali vicino al nostro letto, sul frigo come un post-it, sulla copertina della nostra agenda o sulla parete di fianco allo specchio del corridoio.

I nostri obiettivi sono importanti per noi stessi. Così un altro metodo utile al loro conseguimento è quello di condividerli e parlarne alle persone importanti nella nostra vita, coloro di fronte alle quali non possiamo permetterci di fallire, poiché desideriamo la loro stima ed approvazione, non vogliamo deluderle, ed inoltre esse saranno sempre pronte a supportarci nei momenti di sconforto quando perdiamo tenacia.

Ricordiamoci pure di tenere nota dei nostri progressi, così da mantenere costante la motivazione. Sarà assai stimolante vedere un calendario con sopra tante 'x' a segnalare che siamo un passo sempre più vicini al nostro goal. Si creerà così un circolo virtuoso. Ogni giorno che si segna una 'x' sul calendario, la motivazione aumenta, e lasciare un giorno senza la 'x' creerà una sensazione di disequilibrio e fastidio, che spingerà a mantenersi costanti.

Veniamo ora ad un altro elemento chiave nel conseguire obiettivi quali formare una buona abitudine: l'attenzione. In questo senso, la nostra attenzione è tutto. Il nostro focus deve restare su quella specifica cosa che ci siamo prefissati di raggiungere, la concentrazione ha dunque bisogno di essere allenata a restare sintonizzata, per dare i risultati che desideriamo nel tempo stabilito. Ci vogliono circa 10 minuti per sintonizzare del tutto la nostra attenzione sul compito che stiamo svolgendo, e solitamente dopo 50 minuti la soglia di attenzione cala per tutti. Ci vorrà poi una pausa di almeno altri 10 minuti per riportare la nostra attenzione sul compito.

È bene perciò eliminare le distrazioni attorno a noi, le chiacchiere inutili al lavoro, le mail non urgenti, i messaggi, visite di amici e parenti, insomma tutto quello che non sia assolutamente improrogabile. Evitiamo anche di cimentarci in imprese multitasking, ciò sposterebbe il focus della nostra attenzione.

Stabiliamo i tempi e l'ambiente migliori per metterci all'opera e cerchiamo di tagliare fuori tutto il "rimandabile". Impariamo quindi a dire di no a qualche impegno o svago che si presenta lungo il percorso verso l'obiettivo, al fine di dirigere l'attenzione sulle cose imminenti e funzionali al risultato da raggiungere. Cerchiamo di organizzare e gestire al meglio il tempo a disposizione, ad esempio stabilendo un percorso orario, giornaliero o settimanale. Questo ci aiuterà a mantenere attiva la motivazione, poiché di volta in volta riscontreremo il completeremo di micro-obiettivi, che infine porteranno al completamento del macro-obiettivo.

Sforziamoci di mantenere per almeno 5 minuti al giorno il focus sul nostro intento. Focus ed azione sono i due fondamentali ingredienti per il successo.

Ascoltiamo della musica che amiamo, oppure una musica energizzante che ci dia la carica, e nel frattempo alleniamoci a materializzare nella nostra mente come sarà raggiungere il successo, nei minimi dettagli, la gioia e la soddisfazione, i benefici che ne conseguiranno. Le parole della nostra canzone preferita o l'emozione del film che amiamo possono motivarci all'azione. Un film può contenere un forte messaggio d'ispirazione che può catalizzare la motivazione nella nostra via verso il successo. Fermiamoci a riflettere sulle sensazioni che ne derivano ed estrapoliamole in modo a noi utile, chiedendoci: "per raggiungere il mio intento, nella mia attuale situazione, come posso procedere?"

Ricerchiamo emozioni, ascoltiamo le nostre sensazioni, e soprattutto focalizziamoci sulla felicità. La felicità porta energia positiva che aiuta a perseguire i nostri obiettivi. La prima importante decisione è quella di essere felici, poi viene il resto.

Manteniamo il focus sulla bellezza del mondo circostante e meravigliamoci di esso. Ciò aiuterà la mente a mantenere uno stato positivo. Immaginiamo come noi stessi possiamo contribuire a questa bellezza. Per prolungare questa felicità spendiamo più tempo del solito a sorridere durante la giornata. Quando sorridiamo, automaticamente ci sentiamo meglio con noi stessi, e di conseguenza anche col mondo circostante, poiché miglioriamo la nostra disposizione verso gli altri, e le persone saranno a loro volta più bendisposte verso di noi.

Focalizziamoci anche sull'abbondanza attorno a noi, essa è dappertutto. Più riusciamo a vedere l'abbondanza intorno a noi, più potremo apprezzare quel che già abbiamo, e le piccole cose che formano il tutto. Mostriamo gratitudine per le circostanze ed eventi della nostra vita, anche se non sempre questo sembra possibile, o sembra avere senso, ad esempio quando capita qualcosa di brutto. Tuttavia, la gratitudine ci aiuterà ad aprire la nostra mente e renderla pronta a qualsiasi opportunità ed evenienza, saremo così ancora più forti ed adattabili.

Il segreto per sfruttare appieno le opportunità è concentrarsi solo sul qui ed ora, il momento presente. Dimentichiamo problemi, ansie o paure, poiché solo così potremo restare focalizzati su ciò che più conta, quel che stiamo facendo, mentre lo stiamo facendo.

In primis, decidere di stare bene con se stessi è fondamentale. Cambiare la nostra attitudine alla vita, decidere di essere entusiasta, emozionato, aperto alle novità, e soprattutto positivo. Scegliamo anzitutto di stare bene con noi stessi, di non arrenderci davanti agli ostacoli, malgrado le difficoltà, scegliamo di essere positivi in ogni circostanza, e di fare ciò ci fa stare bene – in fondo dentro di noi sappiamo cosa ci fa bene e cosa invece non fa per noi. Il resto verrà da sé.

Entriamo qui nel discorso sull'energia. L'energia per agire, ed ottenere successi, possiamo trovarla attorno a noi, nelle immagini e nei modelli motivanti, ma prima di tutto e soprattutto in noi stessi. Quindi dobbiamo catalizzare e sprigionare energia. Chiaramente, non sempre possiamo avere la carica giusta per motivarci a fare qualcosa, ma possiamo in un certo senso fingere di sentirci motivati, anche fisicamente.

Inganniamo la nostra mente agendo come se davvero fossimo pieni di energia ed entusiasti, e ciò fungerà da spinta per un'azione decisiva di cambiamento. Il potere della finzione che esercitiamo verso noi stessi, può essere di grande aiuto per il corpo e la mente, è come se lo stato in cui fingiamo di essere possa divenire più facilmente realtà.

Una volta entrati nel giusto "mood", miglioriamo davvero la nostra energia anche dal concreto punto di vista fisico. Anzitutto, respiriamo profondamente, e concentriamoci sul nostro respiro. Respirare dalla pancia trasforma il nostro stato fisiologico e ci pone in una condizione ideale di pensiero e rilassamento.

Dunque prestiamo attenzione a come respiriamo durante il giorno, se il ritmo è regolare o meno, e respiriamo a fondo, spesso mozziamo il respiro o non espiriamo a fondo e tratteniamo l'aria dentro di noi, generando tensione. Pratichiamo stretching, yoga o qualsiasi esercizio semplice, come camminare più velocemente ed eretti, per aiutarci ad abbandonare una postura pigra, ingobbita. Notiamo i cambiamenti che avvengono i noi e nella nostra vita prestando attenzione alla nostra fisiologia, compiendo movimenti dolci e sereni, meno meccanici, ed anche perché no, spensierati, poco per volta.

Trascorriamo più tempo tra bambini ed animali, e giochiamo con loro, interagire con loro aiuterà la mente e rilassarsi, e a scaricarsi da tensioni e pensieri negativi, rilasciandoli all'esterno, e anche a sprigionare scintille di creatività inaspettata. Quando la mente è scarica, si rilassa ed è più aperta alle opportunità. Giocare e scherzare ci rende quindi ispirati, creativi e genera nuove possibilità, magari soluzioni alle quali non avevamo mai pensato.

Amiamo noi stessi e lodiamoci per quello che siamo, che sappiamo fare, e nei momenti di difficoltà, riflettiamo sui nostri successi passati. Possiamo frugare nel nostro passato, dal quale abbiamo imparato lezioni utili, per trovare le forza che ci serve adesso. Facciamo una sorta di elenco mentale delle esperienze, anche difficili, che abbiamo vissuto e superato, dei successi raggiunti, e pensiamo a come sfruttarli positivamente in futuro se saremo limitati dalla paura di sbagliare e di non farcela, se perdiamo lo slancio iniziale, la voglia di fare. Volgiamo la mente al passato quindi, e poi anche al futuro, trascorriamo ogni giorno un po' di tempo a visualizzare, immaginare come sarà il nostro futuro felice e pieno di opportunità, ed assaporiamone le sensazioni che ne derivano.

La mente ha bisogno di immagini concrete e stimolanti per sapere dove essa stessa ti deve condurre, altrimenti sarà smarrita e difficile da direzionare. La mente può essere uno strumento potente, ma anche volgersi contro noi stessi, quindi dobbiamo sapere come direzionarla correttamente. Chiaramente non c'è un manuale adatto ad ogni situazione su come farlo, ma almeno dobbiamo tentare di farlo, nel modo che è a noi più congeniale, anche affidandoci al nostro istinto.

Amiamo noi stessi, dunque trasformiamo anche la nostra immagine, prendiamocene cura. Scegliamo un abito che ci faccia sentire sicuri e piacevoli quando lo indossiamo, cambiamo il taglio o il colore di capelli, se abbiamo voglia di farlo. Spesso la nostra immagine riflessa allo specchio influenza l'effettiva percezione di noi stessi, così se ci vediamo belli ed attraenti, cambiamo il modo di pensare a noi stessi, di auto valutarci, accresciamo l'autostima, e di conseguenza anche come procediamo verso i nostri obiettivi.

Le influenze esterne sono anch'esse determinanti. Facciamo del nostro meglio per eliminare l'influenza di coetanei e persone che frequentiamo che puntualmente dubitano di noi, ci trattengono "coi piedi per terra", quasi a trascinarci verso il basso anziché farci spiccare il volo. Queste persone ci frenano e ci demotivano, a volte anche perché non vedendo in loro stessi un'immagine di successo, non desiderano vederla nemmeno in noi, si sentirebbero altrimenti invidiosi e frustrati, o temono che non godrebbero più della nostra considerazione esclusiva.

Scegliamo le persone giuste di cui circondarci, quelle che ci incoraggiano e ci spingono a vedere i lati positivi, a crescere. Evitiamo chi ci lascia nel dubbio, senza mai darci conferme, e soprattutto anche i famigliari lamentosi, senza sentirci in colpa se a loro dedichiamo meno tempo. Siamo anche, in questo senso, un po' egoisti, al fine di fare del bene a noi stessi.

Se ci rendiamo conto di non avere ancora la forza di volontà sufficiente per perseguire autonomamente i nostri scopi, possiamo anche assumere un life-coach come guida, un professionista può infatti avviarci nella giusta direzione finché non saremo pronti a proseguire con le nostre risorse.

Le idee per avere maggiore forza di volontà nel perseguimento degli obiettivi che abbiamo visto finora sono in genere piuttosto semplici da capire ed applicare. Tuttavia, non perché sono facili saranno allora meno efficaci. Le strategie più basilari possono spesso funzionare meglio di qualsiasi altra complessa o pianificata strategia motivazionale. Perciò, cerchiamo di non trascurare nessuna delle strategie viste finora, tutte sono utili se sommate le une alle altre. Potrebbe sembrare che inizialmente esse non contribuiscano a rafforzare i livelli motivazionali, ma nel lungo termine lo faranno eccome.

Potremmo perdere la motivazione, se non riscontriamo dei risultati immediati. Cos'è che davvero ci fa perdere la motivazione? Obiettivi di basso livello che non ci ispirano abbastanza, oppure il non sapere come motivarci nel modo giusto. Dunque, per vincere nella vita personale e professionale abbiamo bisogno di un obiettivo reale, di qualità, ben formulato, valutato e pensato, che apporti un reale beneficio, in tutti i sensi. Abbiamo bisogno di risorse e possibilità concrete per portare a termine quell'obiettivo, quindi analizziamo noi stessi e la situazione nel suo insieme. Infine, servono le giuste strategie da mettere in atto, le strategie semplici, di cui parlavamo prima.

Riflettiamoci e chiediamoci: il nostro obiettivo ha tali caratteristiche? Ci porta nella giusta direzione di soddisfazione, gioia, benessere, successo, o al solo pensiero ci causa invece ansia, preoccupazione, dolore, istintiva sensazione che ci sia qualcosa di sbagliato, forzato? Queste sono importanti considerazioni da fare, prima ancora di iniziare.

Prendendoci cura della nostra energia vitale, possiamo acquisire più voglia di fare e quindi realizzare i nostri propositi con più successo. Per natura, dovremmo sempre essere in salute e carichi di energia, ma spesso, anche se siamo in buona salute, sentiamo in noi basse vibrazioni energetiche. Questo perché a volte spendiamo energia in attività non necessarie o non positive, oppure perché cose e persone attorno a noi ci sottraggono energia nella vita di tutti i giorni. Non è forse vero che certe persone sembrino ricaricarci di energia positiva, mentre altre sembrano quasi sottrarcela, lasciandoci vuoti come batterie scariche? Più che aumentare la nostra energia, si tratterebbe di eliminare quel che la blocca, ed aumentare la nostra presenza energetica. Il primo passo da fare è dunque eliminare i blocchi e gli ostacoli che ostacolano il flusso libero della nostra energia.

Evitiamo dunque ciò che abbassa l'energia, come un'alimentazione non equilibrata, emozioni negative, stress, e l'uso scorretto ed irrazionale della nostra mente – pensare sempre al peggio, ai problemi, e così via. Dobbiamo capire le cause che sono al di sotto di questi comportamenti e sradicarle. Questo processo ci porterà ad un livello di consapevolezza superiore.

Veniamo ora al corpo: esso è il tempo dell'anima, ed è fortemente connesso a mente e spirito. Al di là della consueta attività fisica, dovremmo prestare attenzione all'alimentazione, che si lega fortemente alla qualità della vita. Cerchiamo di nutrirci correttamente, non solo di mangiare. Il cibo stesso è energia, quindi chiediamoci: qual è la qualità energetica del cibo che assumiamo? Noi siamo quel che mangiamo. Prova a paragonare l'energia di un frutto succoso appena raccolto a quella di un pezzo di carne arrostito, proveniente da un animale morto. Quale alimento avrà la migliore qualità energetica? Inoltre, a causa dell'ambiente inquinato in cui viviamo, assieme al cibo assumiamo anche varie sostanze tossiche che ci indeboliscono.

Perciò, dobbiamo cercare di pulire e disintossicare il corpo per aumentare l'energia vitale, assumendo prodotti naturali che alcalinizzino l'organismo e favoriscano il drenaggio delle tossine. Tra tutti gli organi, soprattutto il fegato è quello a cui prestare speciale attenzione e da depurare, poiché ha il ruolo di filtro che espelle le sostanze tossiche dal corpo. Tra i rimedi naturali più utilizzati a questo fine vi sono i fiori di Bach e gli oli essenziali.

Parliamo ora della mente. Essa è uno strumento potente, in quanto può distruggere o creare, renderci liberi o schiavi. Il pensiero genera la materia, e dunque la realtà. Oltre ai giusti alimenti, dunque, dovremmo anche nutrirci di pensieri positivi, dare maggiore ascolto alle affermazioni positive, e radicare fortemente in noi stessi il pensiero positivo, in modo da esserne noi stessi una fonte.

Il potere della parola è enorme, e possiamo usarlo consapevolmente a nostro beneficio. Evitiamo dunque tranelli come il giudizio affrettato o l'inutile lamentela, poiché causano inutile dispendio di energia. Smettiamola di giudicare noi stessi, in primis, e gli altri, e accettiamo saggiamente le situazioni per come sono. Cerchiamo di abbracciare in noi anche ciò non ci va così a genio, ed iniziamo a trasformarlo in qualcosa di bello. Siamo più gentili, generosi e comprensivi.

I concetti di anima e spirito sono assimilabili. Lo spirito racchiude le nostre qualità interiori, che sono una parte spesso da noi trascurata, non sufficientemente ascoltata, anche perché nascosta, e questo ci allontaniamo spesso dal nostro vero 'sé'.

Ma se vogliamo recuperarlo, e recuperare la nostra consapevolezza interiore, dobbiamo riconnetterci alla fonte della nostra energia. Non è un concetto troppo astratto o "spirituale": basta dedicare del tempo alla semplice meditazione per attingere alla nostra fonte interiore. Tante sono le discipline utili a tale scopo, come agopuntura, yoga, reiki, e thetahealing.

L'importanza dell'immagine di sé per formare abitudini durature ed efficaci

L'immagine di noi che trasmettiamo con il nostro modo di essere, di porci, di relazionarci, è fondamentale perché determina chi siamo e come siamo agli occhi degli altri, e quindi in definitiva il nostro livello di successo sociale. Sappiamo bene come oggi il successo sociale ed il raggiungimento di uno 'status symbol' siano importanti. Anche se non ce ne curiamo più di tanto, in realtà ne veniamo comunque influenzati, è innegabile. Così, nei nostri incontri e scambi quotidiani, cerchiamo di trasmettere un'immagine positiva di noi, e viceversa, nei giudizi e nelle azioni ci basiamo sull'impressione che gli altri ci danno di loro.

Ma perché ci preoccupiamo tanto dell'impressione che trasmettiamo agli altri? Anzitutto, perché trasmettere una buona immagine di noi stessi ci permette di guadagnare la simpatia e l'accettazione altrui, accedendo ad una migliore qualità di vita e ad altri benefici, sia di natura sociale che materiale. Inoltre, presentare un'immagine positiva provoca nelle persone reazioni favorevoli, cosa che rinforza la nostra autostima e porta all'accettazione reciproca, alla nostra integrazione, favorendo la costituzione di una società pacifica ed armoniosa.

Dunque noi comunichiamo a partire dalla nostra immagine, essa raggiunge le persone ancora prima delle nostre parole, quindi l'immagine è parte fondante della comunicazione umana. Dobbiamo curare la nostra immagine per avere maggiore riuscita e successo nelle nostre comunicazioni.

L'immagine di sé è il modo in cui vediamo noi stessi. Si forma nella prima infanzia, quando il bambino, se viene curato ed accudito in modo adeguato dai genitori, inizierà già a sviluppare un'immagine di sé in positivo, amore verso se stesso ed una buona autostima. Altrimenti, se trascurato, il bambino maturerà un senso di disprezzo e di disagio verso se stesso, e l'immagine di sé si svilupperà in negativo.

Comunque, l'immagine di sé si trasforma e modella durante tutto il corso della vita, a causa dei successi e fallimenti vissuti, ed in base ai comportamenti e feedback degli altri nei nostri confronti.

L'immagine del sé è, appunto come dice il nome, un'immagine, un simulacro, pertanto non sempre corrisponde all'immagine reale. Le due immagini, quella percepita - o trasmessa - e quella reale, si avvicineranno tra loro tanto più è alto e consolidato il livello di autostima ed autoefficacia che possediamo.

Sull'autostima non c'è bisogno di molte spiegazioni. Sull'autoefficacia, possiamo definirla come la fiducia che una persona nutre nella capacità, nella possibilità di riuscire in ciò che fa, di avere successo, di risultare vincente.

L'autoefficacia è in stretta dipendenza da molte variabili, tra cui l'esito ottimale di precedenti situazioni problematiche che abbiamo affrontato e il conseguente stato di benessere che ne consegue, le esperienze riflesse, ossia l'aver visto altri affrontare difficili situazioni ed esserne usciti vincenti, le auto-persuasioni in senso positivo ed anche la capacità di figurarsi già vincenti in situazioni ardue e sfidanti.

Come tale percezione di noi stessi andrà ad influenzare il nostro comportamento? Innanzitutto, influenzerà le nostre emozioni, come ad esempio l'ansia. Le persone con basso senso di autoefficacia percepiscono un gran numero di situazioni come per loro stressanti, e tendono ad ingigantire i problemi e i pericoli che riscontrano nell'ambiente circostante.

In secondo luogo, le decisioni: gli individui con scarsa autoefficacia hanno meno fiducia in sé, quindi tendono a limitare la gamma delle loro possibili attività e dei relativi traguardi, perché credono di avere poca possibilità di successo, quindi vogliono anche ridurre le possibilità di fallimento. Soprattutto - e questo si ricollega all'argomento portante del nostro testo - la percezione di noi stessi condiziona le nostre motivazioni, e quindi la spinta a formare e mantenere una buona abitudine.

In base a come percepiamo la nostra autoefficacia, lavoreremo con maggiore o minore tenacia nello svolgere un compito, e saremo anche più o meno resilienti, ossia capaci di superare i fallimenti e di rimediare ai nostri errori, senza farci sopraffare dallo sconforto. Come il sapersi rimettere in piedi dopo una caduta. Insomma, le persone con meno autoefficacia, hanno meno fiducia in se stesse, dunque si arrendono più facilmente dinanzi agli ostacoli.

Al contrario, le persone con più alto senso di autoefficacia, si prefiggeranno un più alto numero di obiettivi, che raggiungeranno anche con maggiore probabilità, rispetto a chi ha più bassa autoefficacia.

La percezione di se stessi e della propria autoefficacia sarà anche direttamente proporzionale al nostro benessere, a quanto ci sentiamo bene con noi stessi, ed in noi stessi, nella nostra pelle. Chiaramente, ciò si ripercuote anche sulla percezione che gli altri hanno di noi, e così le persone che più piacciono, suscitano simpatia e unanimi giudizi positivi sono quelle che in primis si amano, hanno autostima e sono sicure di sé, senza mai sfociare nell'arroganza. Con il loro atteggiamento, infondono più sicurezza anche in chi gli sta attorno.

C'è da dire che però non è facile capire il "vero sé", poiché sin dalla nostra venuta al mondo, ci modelliamo alla società e all'ambiente, che ci portano ad indossare delle maschere, così ci allontaniamo sempre più dal nostro nucleo. Possiamo cambiare il nostro atteggiamento, o addirittura fingere un'altra personalità, in base alla situazione, allo scopo da raggiungere, all' "uso" che dobbiamo fare di noi stessi.

Non è importante allora l'immagine che abbiamo di noi stessi sia autentica, ma che sia funzionale al compimento dei nostri valori, ideali, e dei nostri intenti. Attenzione però: la parola "vero" ha insita un'accezione positiva, contrapposta all'accezione negativa del suo opposto, "falso". Così ci sono persone che creano e mantengono un'immagine di se stesse irreale, scaturita da una visione di come idealmente dovrebbero essere. Proponendo sempre e comunque questa immagine falsa di se stessi al mondo, finiscono per distaccarsi del tutto da loro stessi e dal loro vero nucleo, che è poi la chiave per essere felici, poiché dobbiamo essere in contatto con esso ed ascoltarlo.

In questi soggetti l'immagine che "raccontano" a se stessi finisce con l'essere assai diversa da quella che ne hanno gli altri, così quando ricevono feedback e giudizi da loro, tendono a non riconoscerli, non accettarli, e rispondere in modo difensivo.

Come già detto, avere un'alta autostima è il risultato di una breve distanza tra il sé reale e il sé ideale, ossia quest'ultimi quasi coincidono, la persona ha consapevolezza di se stessa, può più facilmente capire cosa desidera, e quindi raggiungere i suoi obiettivi.

Le persone dotate di alta autostima mostrano anche maggiore perseveranza nel dedicarsi ad un'attività che le appassiona, e nel conseguire un obiettivo che fortemente desiderano, come l'acquisizione di un'abitudine vantaggiosa, mentre mostrano meno determinazione in un'attività che gli sta meno a cuore, e in cui dunque hanno investito meno.

Inoltre sanno minimizzare meglio un possibile insuccesso, e rialzarsi più fretta per dedicarsi a nuove attività che li aiutino a dimenticare e a riprendere le redini della loro vita.

Diversamente da chi ha bassa autostima. Costoro intraprendono attività con scarsa partecipazione ed entusiasmo, il che ovviamente si tradurrà in demoralizzarsi facilmente, scoraggiarsi, perdere interesse nell'obiettivo iniziale, e dunque nella scarsa probabilità di portarlo a termine.

Le persone dalla bassa autostima tenderanno a schivare anche le situazioni più banali, se vi fiutano il rischio di insuccesso, sono più vulnerabili e hanno costante bisogno di supporto dall'esterno.

Si arrendono facilmente di fronte a un insuccesso, o se influenzate da un parere contrario a quel che loro pensano. Di fronte alle critiche, sono anche molto suscettibili e si abbandono rapidamente ai sentimenti di delusione e amarezza. Ma come mai si determina questo divario tra persone con alta autostima e buona valutazione di se stesse, e persone con scarsa autostima e che si valutano negativamente?

L'attribuzione di giudizi da parte altrui, il ben noto 'specchio sociale'. Le opinioni che gli altri hanno di noi contribuiranno a formare il modo in cui ci autodefiniamo. Poi, sempre in relazione agli altri, il processo di confronto sociale: da tale confronto scaturisce una valutazione, non sempre felice, di se stessi.

Infine, l'auto-osservazione, che in parte coincide anche con il confronto sociale. Ci autodefiniamo in primo luogo a partire da noi stessi, ma anche prendendo consapevolezza delle differenze tra noi e gli altri. Ogni persona osserva ed interpreta se stessa e gli altri, formando una "teoria di sé" finalizzata a mantenere la propria autostima.

Anche gli ideali di un individuo possono influenzare l'autostima, in particolare in modo negativo, se essi sono troppo ambiziosi e fuori dalla sua portata. La gente compie decisioni e si muove sulla base di ideali: quando percepisce una discrepanza forte tra il suo stato attuale e lo scopo ideale, cerca di ridurre tale discrepanza mettendo in atto certi comportamenti.

Quindi forma dei "piani ideali" che guidano il suo comportamento, alcuni di questi piani sono legati alle abitudini concrete, come la decisione di andare in palestra tre volte a settimana, o al corso di pittura.

Altri piani sono legati ad ideali più astratti, come il voler diventare una persona più attiva, ridurre la pigrizia, o sviluppare la propria creatività. Il succo è che la discrepanza tra come siamo e come idealmente vorremmo essere genera emozioni negative, una tensione da placare, motivo per cui siamo portati a colmare tale discrepanza percepita.

Quindi, riflettiamo non solo su come l'immagine e la percezione di sé influiscano sulla formazione di abitudini, ma anche come, viceversa, certe errate abitudini influiscano in negativo sull'immagine che creiamo di noi.

L'autostima e considerazione di sé risentono di una serie di cosiddette distorsioni cognitive: la tendenza a maturare delle idee arbitrarie, senza effettivo riscontro nella realtà obiettiva, le eccessive generalizzazioni a partire da un singolo caso, la massimizzazione degli effetti negativi di un'azione svolta o, diversamente, ma analogo risultato, la minimizzazione degli effetti positivi, e altri ancora.

Vediamo alcune utili strategie per accrescere la considerazione di sé. Il miglioramento dell'autocontrollo, ad esempio. L'accrescimento delle nostre capacità di problem solving: più problemi riusciamo a risolvere, più avremo fiducia in noi stessi e nelle nostre risorse.

Anche l'abitudine a dialogare con noi stessi mediante la nostra voce interiore, il cosiddetto self-talk, aiuta la nostra autostima, inviando messaggi positivi alla nostra mente, che ne sarà positivamente influenzata come la nostra autopercezione.

Lavoriamo inoltre sul nostro stile attribuzionale, rendiamolo più obiettivo in modo da, per esempio, non attribuire erroneamente a noi stessi avvenimenti o situazioni sfavorevoli che con noi non hanno nulla a che fare.

Cos'altro può influenzare, specialmente in senso negativo, l'immagine di noi stessi? Innanzitutto, i giudizi relativi al nostro corpo, al nostro aspetto. Spesso possiamo percepirli come un attacco diretto a noi stessi, oppure può capitare che una persona, per liberarsi di proprie caratteristiche fisiche sentite come inaccettabili, le attribuisca a noi, dando luogo soprattutto all'attribuzione di etichette o nomignoli poco piacevoli. E' ovvio che una persona costantemente esposta ad influenze e giudizi negativi di questo genere inizierà a disistimarsi. Quello di giudicare l'aspetto fisico è quindi un atteggiamento tanto diffuso quanto deprecabile, che andrebbe evitato perché può avere delle ripercussioni molto profonde e dannose.

La mente è come una lente: il giudizio di se stessi e del proprio aspetto passa attraverso questa lente, che può cambiare, distorcere, ampliare o rimpicciolire ciò che osserva. Perciò è fondamentale abituarci a neutralizzare le visioni distorte che non ci consentono di amarci per come siamo.

Secondo i risultati di uno studio americano, i social network e Facebook favorirebbero l'aumento della propria autostima. Tuttavia, un utilizzo esagerato e sconsiderato porterebbe a narcisismo ed altre patologie. Capiamo bene quanto sia importante migliorare l'immagine di sé, se vogliamo avere successo nel modificare positivamente le nostre abitudini. Abitudini positive e consolidate portano al successo.

Ma come migliorare la nostra immagine? È possibile migliorare l'immagine che uno ha di sé? Anzitutto, non dobbiamo avere un'unica immagine di noi stessi, ma dobbiamo averne varie, e distinguerle a seconda delle situazioni e compiti che si presentano.

Per esempio, se in alcuni compiti ci sentiamo poco bravi, non demoralizziamoci, sicuramente saremo migliori in altre attività. Non dobbiamo tenere un'immagine di noi stessi generalizzata, come un campione applicabile a tutti i casi della vita. Dobbiamo anche tenere conto delle circostanze obiettive in cui ha avuto luogo una nostra prestazione negativa, o un insuccesso, di cui andiamo poco fieri, senza correre a conclusioni affrettate ed approssimative. A volte basta definire alcuni piccoli obiettivi di miglioramento del sé e dei propri punti deboli per cambiare in positivo la percezione di sé. Come abbiamo già detto, procediamo da obiettivi piccoli verso obiettivi man mano più grandi.

Vediamo in concreto un esercizio mentale che possiamo svolgere per migliorare l'immagine di noi stessi. Creiamoci uno spazio tutto nostro dove poterci comodamente mettere a nostro agio, senza venire disturbati, ed iniziamo a respirare profondamente, lentamente, raggiungendo lo stato di rilassamento. Man mano che questo diventa sempre più profondo, noteremo che la nostra mente sarà sempre più sgombra, dando il via alla libera immaginazione. Ecco: immaginiamo dunque che si materializzi dinanzi a noi una copia di noi stessi, la copia più bella che possiamo concepire e che rispecchi il nostro 'io' più autentico, che ne esalti la purezza, i colori, anche la dimensione, nel caso l'immagine fosse troppo minuta e non definita.

L'immagine che abbiamo creato, insomma, deve corrispondere a come esattamente vorremmo essere. A questo punto, abbandoniamoci pian piano alla sensazione di totale gioia che sopraggiunge, sprigionata dall'essere un tutt'uno con questa vera e beata immagine di noi stessi. Di questa nostra immagine osserviamo la postura, l'abbigliamento, il tono della voce, l'interazione con gli altri, come si muove nello spazio, come fronteggia i problemi, e soprattutto quali sono i suoi obiettivi, come si pone dinanzi a questi obiettivi.

Quando questo scenario sarà ben chiaro nella nostra mente, quasi tangibile, facciamo un passo avanti per unirci in comunione con questo autentico 'io'. Entriamo dentro di esso e guardiamo attraverso i suoi occhi, parliamo attraverso la sua bocca, ascoltiamo con le sue orecchie, immedesimandoci, e provando a sentire come saremmo se davvero possedessimo quelle qualità.

Lasciamo che tale sentire entri concretamente in noi, superando la barriera del corpo, e rimaniamo per qualche minuto in questo stato. Concludiamo riflettendo su come la nostra vita cambierebbe in meglio se davvero imparassimo a vivere in modo più autentico, come fa il nostro 'sé', col quale siamo appena entrati in contatto. Guardando qualsiasi situazione e problema da questa nuova prospettiva, sicuramente tutto volgerebbe in meglio. Immaginiamo di applicare questa prospettiva non solo al futuro, ma anche al passato e specialmente al presente.

Come formare un'abitudine da zero e mantenerla nel tempo

Abbiamo parlato a lungo di abitudini. Ma come si forma un'abitudine a partire da zero? Le ultime ricerche sostengono che le abitudini nascono associando una situazione ad un'azione, e ripetendo varie volte quella specifica azione in quella specifica situazione, finché l'azione diviene automatica. Ci rendiamo conto che l'azione, o comportamento, è diventato automatico quando presenta determinate caratteristiche, quali efficacia, involontarietà ed assenza di consapevolezza e di controllo.

Le abitudini sono immaginabili come un ciclo composto di tre fasi: prima c'è un segnale, o stimolo di partenza, che comunica al nostro cervello di mettersi in "modalità automatica" ed usare, svolgere una certa abitudine. Poi vi è la routine, che può essere fisica, mentale o emotiva. Alla fine vi è la risposta - che se positiva è ricompensa - che comunica al cervello se quello specifico ciclo comportamentale sia utile da ricordare e riapplicare in futuro, oppure no. Questo ciclo diventa sempre più automatico, inconscio, con la sua ripetizione nel corso del tempo, così lo stimolo e la ricompensa si fondono, generando un forte senso di anticipazione, come se già pregustassimo la ricompensa solo pensando allo stimolo iniziale, e quindi nasce l'abitudine.

A partire da esperimenti e ricerche, sono state tratte delle conclusioni, che comunque non possiamo considerare verità scientifiche assolute, ma che hanno influenzato tutto il discorso e la letteratura successivi. Ad esempio, sono state tratte conclusioni su quale sia il tempo necessario per formare una nuova abitudine. In particolare, con gli esperimenti del chirurgo plastico Maltz, che eseguiva operazioni chirurgiche sui suoi pazienti, e poi dal 1950 iniziò ad osservarne l'adattamento alla loro nuova condizione fisica. Le conclusioni di Maltz furono raccolte in un libro, che divenne presto un bestseller ed influenzò tutta la visione seguente sul self-help e gli esperti di settori simili. Il succo di tali osservazioni fu che ci vogliono circa 21 giorni per adattarsi ad un cambiamento, e conseguentemente formare nuove abitudini. Parecchia confusione fu fatta: si stabilì l'affermazione che ci volessero 21 giorni per formare una nuova abitudine, mentre in realtà Maltz affermava ci volesse un minimo di 21 giorni.

Dagli esperti del settore, questa credenza si è poi diffusa nella società e nel pensiero comune. Perché questo "mito" dei 21 giorni si è diffuso così efficacemente? Probabilmente perché il periodo di tempo era abbastanza corto da risultare stimolante, e abbastanza lungo da risultare fattibile, verosimile. La gente era quindi allettata dall'idea di apportare un cambiamento importante alla propria vita, come una buona abitudine, in un periodo relativamente breve.

Per capire davvero quale fosse la risposta, possibilmente scientifica, all'interrogativo sulla formazione di una nuova abitudine, furono effettuate tanti altri studi dai ricercatori, prettamente basati sull'osservazione dei comportamenti di gruppi di persone, ed emerse che in realtà ci volevano in media 66 giorni prima che un nuovo comportamento divenisse automatico. Inoltre non era un dato affatto oggettivo, e fu preso con le pinze, perché il tempo poteva ovviamente variare in base al comportamento, alle circostanze, all'individualità della persona.

In sostanza, non aveva più senso cercare di propagare l'idea che si potesse creare una nuova abitudine in tempi brevi, se si volevano impostare aspettative concrete. La verità, infatti, è che ci vogliono per noi dai 2 agli 8 mesi per formare una nuova abitudine, il lasso di tempo è assai variabile e non definibile, ma senz'altro non consiste in 21 giorni!

In questo periodo di tempo, dobbiamo trovare l'ispirazione giusta per intraprendere il lungo percorso di cambiamento. Possiamo considerare alcune buone ragioni per cui valga la pena cominciare questa ricerca, prima di lasciarci demotivare dalla prospettiva dei lunghi tempi.

Premettiamo che abituarsi a cambiare non è semplice, richiede forza di volontà e la decisione di mettersi in gioco, è un lento percorso. Quindi non c'è ragione di abbattersi se dopo aver tentato per qualche settimana non vediamo risultati concreti e l'attività intrapresa non è ancora mutata in un'abitudine. Dobbiamo solo reimpostare il nostro modo di pensare ed accettare che il processo richiederà più tempo del previsto. Non abbattiamoci e non giudichiamo noi stessi in modo negativo, anche perché non c'è necessità di essere perfetti. Accettiamo dunque di dover spostare più in là la nostra originaria scadenza, e comprendiamo così che le abitudini sono un processo, e non un evento che capita così, dal nulla, o per fortuna. Bisogna abbracciare il percorso, lavorare duro e in alcuni casi anche usare una tecnica personalizzata ed adeguata.

L'unico modo di arrivare al traguardo è quindi quello di cominciare con il giorno numero uno, semplicemente, di concentrarsi sul lavoro da fare 'hic et nunc', e non fantasticare già sulla fine, presi dalla fretta o dalla smania di arrivare.

Una scoperta interessante fatta dai ricercatori è che quando eseguiamo il comportamento che ci siamo prefissati, il commettere errori non incide notevolmente sul processo di formazione della nuova abitudine, al contrario di quanto ci potremmo aspettare. Non importa più di tanto se commettiamo errori nel processo di formazione o cambiamento di un'abitudine, anche perché non è sicuramente un processo semplice, e la nostra mente comprende che gli sbagli sono da mettere in conto.

Anche saltare la pratica per l'ottenimento della nuova abitudine per un giorno o due più non comprometterebbe i risultati, non sono stati notati cambiamenti significativi dai ricercatori. Saltare però una settimana di pratica ridurrebbe considerevolmente la probabilità di proseguire e mantenere il comportamento nel tempo, e quindi di formare l'automatismo.

Se vogliamo intraprendere un nuovo comportamento che, ripetuto nel tempo, porti alla nascita di una nuova abitudine vantaggiosa, possiamo seguire alcune regole, preziosi trucchi psicologici.

Mettiamo per iscritto il nostro piano e sforziamoci di seguirlo. Questo ci aiuterà a fare sin da subito maggiore chiarezza, definendo aspetti, tempistiche e scadenze del nostro obiettivo. Sin da subito, avendo tutto ben chiaro in testa, potremmo metterci a lavoro con più determinazione. Inoltre è più difficile desistere da una promessa messa per iscritto, piuttosto che da un vago pensiero. Possiamo stilare quasi una sorta di contratto tra noi stessi e l'obiettivo.

Utile sarà anche creare una routine. Le abitudini sono comportamenti in apparenza semplici, in realtà complessi, e si mettono in moto a partire da specifici stimoli attivatori, come visto in precedenza. Lo stimolo attivatore funziona come il condizionamento usato nel famoso esperimento dei cani di Pavlov. Ad esempio, il suono della sveglia potrebbe essere lo stimolo attivatore che imponiamo a noi stessi quando vogliamo alzarci presto la mattina. Insomma, dobbiamo decidere lo stimolo attivatore da associare all'inizio dell'abitudine che vogliamo interiorizzare. Ogni volta che "partirà" quello stimolo, saremo condizionati a passare all'azione. Ad esempio potremmo selezionare come stimolo 'trigger' una canzone rock o un timer sul cellulare. Ripetendo questo processo nel tempo, lo stimolo andrà ad influenzare in automatico il comportamento stabilito.

Imponiamoci di mantenere il nostro impegno semplice. La semplicità sarà dunque un altro trucco per il successo, poiché ovviamente è più facile svolgere compiti semplici. Ad esempio, prefiggiamoci di andare a correre tutte le mattine mezz'ora all'aria aperta, piuttosto che effettuare faticose sessioni pianificate di flessioni, addominali e squat. Riduciamo il numero delle regole da seguire. Il piano deve essere semplice, ma particolareggiato al tempo stesso, non generico o confusionario, in modo da tenere in conto preventivamente i potenziali impedimenti.

Infine, un'altra preziosa regola coincide con la 'replacement theory', ossia se non riusciamo davvero ad eliminare una cattiva abitudine, possiamo sostituirla, rimpiazzarla con una nuova e semplice abitudine positiva. Vediamo così il comunissimo caso delle persone che si mangiano le unghie. È un vizio sgradevole, sia perché ci fa apparire insicuri e nervosi agli occhi degli altri, sia perché rende più brutte le unghie e le mani. Per queste persone sarà assai difficile smettere completamente questo vizio, ma sarà possibile invece sostituirlo applicando dello smalto sulle unghie.

Detto ciò, vediamo qualche interessante idea per nuove abitudini da adottare, così da mettere anche in pratica e sperimentare i consigli visti finora: leggere più libri, svegliarsi - ed alzarsi! - presto la mattina, allenarsi, fare meditazione o yoga, smettere di guardare la tv e passare ore a smanettare inutilmente col cellulare.

E una volta acquisita una sana abitudine, come mantenerla nel tempo? Paradossalmente, i vizi che tutti noi abbiamo, e che vorremmo eliminare, sono radicati e molto ardui da abbandonare; ma quando si tratta di voler mantenere delle abitudini vantaggiose per la nostra vita, tutto diventa più faticoso e richiede sforzo. Questo è dovuto alla debolezza della mente umana, che predilige i vizi che diano un piacere immediato, ma non duraturo - e che possono anche causare danni a lungo termine - anziché lavorare duro per mantenere delle buone abitudini, perché non ne vede il vantaggio immediato, quindi sceglie chiaramente la via più semplice. Se ci rendiamo conto di non essere capaci di trasformare i buoni propositi o comportamenti in azioni routinarie, allora dovremo ricorrere a delle tecniche per abbattere la barriera dell'auto-sabotaggio e della procrastinazione, che ci impedisce di progredire nella crescita personale.

Ricorriamo allora alla mente che, come sappiamo, è un meraviglioso strumento che ci viene anche in aiuto, e lo fa con la routine; infatti, sforzandosi di mantenere una specifica abitudine per un certo tempo, giorno dopo giorno, fino a un mese, ad esempio, il cervello includerà quell'abitudine nella nostra routine giornaliera, creando delle connessioni neurali adibite al rafforzamento e ripetizione di quel comportamento, che diverrà automatico. Quindi proprio quello di immettere l'abitudine nella nostra routine è il primo passo fondamentale per cominciare o mantenere un buon intento. I piccoli cambiamenti fatti passo dopo passo sono essenziali. Per esempio, se siamo pigri nel fare sport solo due o tre volte a settimana, potremmo imporci di farlo ogni singolo giorno della settimana, così diventerà un automatismo tale per cui alla fine prenderemo la borsa e ci recheremo in palestra senza nemmeno accorgercene.

Creiamo ogni giorno un'alternativa. In altre parole, se non possiamo o non vogliamo ripetere un'abitudine ogni giorno, ma vogliamo comunque che rientri nella nostra vita, non prendiamo dei giorni di pausa dove assolutamente non facciamo niente. Non deve esserci un tale squilibrio tra i giorni in cui facciamo tanto ed altri in cui stiamo ad oziare, ciò distoglierebbe rischiosamente il focus dall'obiettivo dell'abitudine. Piuttosto scegliamo un'attività similare e complementare con cui sostituire quella principale.

Possiamo anche coinvolgere altre persone, amici con gli stessi interessi, a praticare e mantenere la buona abitudine con noi. Senz'altro i nostri amici non sarebbero contenti di vederci mancare ad un appuntamento, così abbiamo anche aggiunto l'elemento del senso di responsabilità ed impegno preso verso qualcun altro, che ci motiverà a mantenere la nostra abitudine e non cedere alla pigrizia. Inoltre alcune attività potrebbero senz'altro risultare più divertenti svolte in compagnia che da soli.

Creiamo anche uno schema prefissato di una lista di buone abitudini che vogliamo per noi stessi, e svolgiamole sempre una in successione all'altra, appunto seguendo uno schema incatenato di attività. Facciamo sì che la prima e l'ultima attività dello schema siano parte della nostra routine già da un po' di tempo, così sarà facile iniziare e finire. Tra queste due abitudini, decidiamo di inserire tutte le altre a piacimento: di giorno possiamo decidere di pranzare, controllare le mail, studiare, prima di prepararci alla cena e ad andare a letto. Se però un giorno vogliamo prenderci una pausa dallo studio, possiamo saltare direttamente allo step successivo, oppure sostituire con un'altra attività più leggera, l'importante come già detto è non stare senza far nulla. La successione di attività inserite tra le due attività quotidiane fisse, agevolerà il cervello a formare associazioni (finito, o saltato questo step, passiamo al successivo).

Adattiamo inoltre la formazione e mantenimento dell'abitudine alla nostra soggettività. Non siamo tutti uguali, quindi adotteremo stili diversi, anche in base alla nostra tendenza naturale ad accettare o rifiutare aspettative interne ed esterne. Ci sono anche i cosiddetti tipi allodole e i gufi. I primi si svegliano sempre presto al mattino ed iniziano a produrre, mentre i gufi faticano a carburare e sono più produttivi di sera.

Notiamo bene che l'andare a letto non prima delle tre di mattina, non vuol dire che siamo dei gufi. Potrebbe solo essere che consideriamo la sera uno dei pochi momenti per goderci la vita, magari dopo una giornata di lavoro che non ci soddisfa, e allora vogliamo passare la sera fuori e rifiutiamo di andare a letto presto. Il modo giusto per distinguere e classificare è semplicemente monitorarci e capire qual è il momento in cui produciamo di più durante la giornata.

Anche l'ambiente circostante gioca un ruolo centrale nel mantenimento di abitudini, o nel fallimento di questa impresa. Un ambiente poco stimolante o che ci influenza in negativo, può distruggere le nostre buone abitudini, ma fortunatamente ciò non vale solo per le buone abitudini, ma pure per le cattive.

È più facile cambiare l'ambiente circostante che noi stessi, ma questo in buona misura determina anche noi stessi e come agiamo, quindi dobbiamo prima di tutto partire da noi stessi per cambiare. Chiaramente non possiamo riempire il nostro frigo di schifezze e dolciumi se abbiamo in testa di cominciare una dieta, né tantomeno possiamo recarci a casa di amici che ci trascinano in una situazione analoga.

Ad esempio, se sentiamo che l'ambiente è per noi nocivo e non ci consente di spiccare il volo, potremmo drasticamente decidere di cambiare ambiente, ad esempio trasferirci in una casa nuova, o in un'altra città, e sfruttare la situazione per costruire una nostra nuova routine indipendente. Oppure possiamo viaggiare per aprire la nostra mente a nuove prospettive mai pensate prima, da riportare con noi nella vita consueta. Questo meccanismo di "rivoluzione" ha però la pecca di essere molto dispendioso in termini di energia, e quindi non praticabile a lungo. È molto adatto a chi si è imposto scopi chiari e strutturati da raggiungere in tempi brevi; i cambiamenti possono comunque divenire duraturi.

Come costruire un rituale mattutino per sviluppare disciplina e positività durante la giornata

Un rituale mattutino è il rituale della serenità ed è costituito da una serie di attività prestabilite che hanno lo scopo di aumentare la consapevolezza di noi stessi e della realtà, del nostro futuro ideale, ed anche di svuotare la testa dalle preoccupazioni. La routine mattutina consente di cominciare la giornata alla grande, innanzitutto per i benefici a breve termine, quali migliorare lo stato d'animo, la motivazione, la serenità, proprio perché il rituale allevia le preoccupazioni e svuota la mente, migliora l'energia e l'autodisciplina. E poi ci sono i benefici a lungo termine: da una parte, sforzarsi di mantenere la routine tutti i giorni - o quasi - richiede disciplina, ma dall'altra parte, a lungo termine questo viene ricompensato con una maggiore libertà, poiché quando si ha una routine quotidiana in linea con i propri valori, aumenta la consapevolezza di cosa vogliamo ottenere; alla lunga, dunque, questa aiuterà a raggiungere più facilmente i nostri obiettivi. Una volta raggiunti quest'ultimi, se li abbiamo saputi scegliere saggiamente, automaticamente aumenterà anche la nostra libertà.

Inoltre aumentano la tranquillità e l'autostima. Se non abbiamo nessuna routine, se iniziamo la giornata così "a caso", svolgendo azioni in modo quasi casuale, si accumuleranno tutta una serie di scadenze, di cose non fatte; all'inizio procrastinarle ci fa sentire meglio, perché ci sentiamo liberati da un peso, ma alla lunga le scadenze si ripresenteranno, e le cose andranno comunque inevitabilmente fatte, e dunque non saremo affatto tranquilli e sereni.

Siccome dobbiamo stare al passo coi ritmi della vita, spesso frenetici, quasi per abitudine molti di noi la mattina si svegliano ed escono di corsa, prendendo al volo un caffè per colazione. È senz'altro una routine di bassa qualità, che non ci fa cominciare la giornata col piede giusto, anzi, non è nemmeno lontanamente definibile come routine!

Tuttavia ogni giorno, al risveglio, possiamo scegliere di cambiare le nostre pigre abitudini e dare una svolta positiva alla giornata, per cambiare le cose e caricarci di energia.

Ma cos'è un rituale? E perché è utile? Il rituale è un atto, o un insieme di atti, eseguito secondo norme codificate. Ha a che fare con la religione ed il sacro, è dunque qualcosa a cui bisogna dedicarsi con devozione, che non si può trascurare e che deve essere praticato con regolarità. Ad esempio, i monaci dell'Himalaya praticano cinque rituali mattutini per mantenersi in buona salute: si tratta di semplici esercizi fisici che agiscono sulle ghiandole endocrine per riattivare e normalizzare il movimento rotatorio, armonizzando il flusso di energie ed eventuali squilibri ormonali. Ma i rituali non sono solo pratiche di natura ascetica o sportiva, sono dei meccanismi di formazione di abitudini, che ci portano al risultato desiderato attraverso la ripetizione sistematica di un determinato percorso, che poi è il rituale stesso.

È piuttosto scontato comprendere l'utilità di un rituale mattutino, quindi non abbiamo bisogno di studi scientifici che ne legittimino la positività. Non serve la teoria, poiché il buon senso è di per sé sufficiente a motivarci nell'intraprendere un sano rituale mattutino.

Basterà illustrare un semplice esempio: nel primo caso ci svegliamo, e non appena aperti gli occhi, già controlliamo il cellulare, quasi accecati dal bagliore del display, ancora mezzi addormentati. La nostra mente sarà già bombardata da e-mail, notifiche ed impegni vari. Poi ci alziamo, accendiamo la tv e passano il notiziario, pieno di cronaca nera, traffico e quant'altro. Siamo già in ritardo per un meeting, così sfrecciamo fuori dalla porta di casa, senza nemmeno fare colazione o bere un bicchier d'acqua.

Nel secondo caso, puntiamo la sveglia mezz'ora prima del solito, ed una volta svegli, passiamo qualche minuto a contemplare il silenzio e la quiete mattutini, meditando ad occhi chiusi e concentrandoci sul nostro respiro, sui nostri pensieri. Poi andiamo in cucina a preparare un frullato di frutta di stagione, e mentre lo gustiamo, mettiamo per iscritto i nostri obiettivi della giornata. Solo dopo tutti questi passaggi, prendiamo infine il cellulare per controllare notifiche e SMS. Usciamo poi di casa, ed avendo ancora tempo prima di arrivare a lavoro, decidiamo di prendere la strada che attraversa il parco.

Ora chiediamoci quale dei due "rituali" sarà il migliore per cominciare la giornata: la risposta è ovvia. Se ci chiediamo però a quale dei due rituali si avvicini di più la nostra mattina tipo, probabilmente la risposta sarà il primo rituale, il peggiore tra i due.

Tuttavia, sta solo a noi la scelta di cambiare, se vogliamo possiamo farlo, quindi il margine di miglioramento è ampio e realizzabile. Se pensiamo a quante altre migliaia di migliaia di mattine ci sveglieremo nella nostra vita, ci rendiamo conto che forse vale la pena di cominciare sin da ora a rendere migliori e più produttive le nostre giornate.

Come già citato nell'introduzione di questo libro, "noi siamo quello che facciamo ripetutamente". E a ciò potremmo aggiungere: "l'eccellenza, dunque, non sta nell'azione, ma nell'abitudine".

Riuscire a crearci un rituale del mattino, che comprenda esercizio fisico e meditazione, così come lettura e scrittura, ci aiuterà a vivere al meglio le giornate, donandoci un equilibrio prima mai conosciuto. Inoltre, adottando una serie di pratiche, sfrutteremo appieno le prime ore della giornata, le più preziose; infatti, come sappiamo, "il mattino ha l'oro in bocca".

Se, come molte persone, siamo abituati a non andare mai a letto prima delle due del mattino, sarà un cambio netto di abitudini, ma ne varrà senz'altro la pena se davvero vogliamo iniziare a prenderci cura di noi stessi, e a costruire consapevolmente il nostro futuro.

Tutte le persone di successo hanno in comune il fatto di avere dei rituali, che praticano con "religiosa" devozione. Oltre ad alcune attività comuni, come il riposo, il sonno ed il duro lavoro, ve ne sono altre, come l'esercizio fisico e l'abitudine di alzarsi presto la mattina, molto prima degli altri, per dedicarsi ad attività creative. In particolare, quest'ultima abitudine accumuna tutti i milionari di successo, assieme all'abitudine di imparare qualcosa ogni giorno, e di concentrarsi a fondo su una cosa e su come realizzarla.

Veniamo al sonno. Senza un buon riposo, è impensabile vivere al massimo la propria giornata. Quando abbiamo poca energia, le cose ci riescono male ed allora non vale più la pena continuare; meglio fermarsi, fare una pausa e poi ripartire. Per questo a volte possiamo accettare di saltare il rituale, o di ridurlo parzialmente. L'importante è che ci sia gioia in ciò che facciamo: svegliamoci al mattino per vivere.

Ci staremo chiedendo ora in cosa consista una routine mattutina: non c'è una risposta univoca, tutto dipende dalle nostre esigenze soggettive. Il rituale può consistere in un paio di semplici gesti, o in abitudini più complesse. L'importante è che svolga il suo compito di farci sentire più attenti e produttivi sin dal mattino, e che ci dia la giusta carica.

Vediamo alcuni esempi generici di abitudini mattutine, per farci un'idea. Svegliarsi 10 minuti prima del solito e meditare. Oppure, svegliarsi 30 minuti prima del solito, fare ginnastica leggera per 10-15 minuti, e poi stilare una lista degli obiettivi del giorno in ordine di importanza.

Oppure ancora, svegliarsi un'ora prima del solito, leggere per 20 minuti, scrivere alcune idee creative, o perché no, semplicemente disegnare, poi bere un frullato di frutta fresca ed infine mettere per iscritto l'obiettivo più importante del giorno.

Se davvero vogliamo rivoluzionare l'inizio della giornata, possiamo anche svegliarci alle 6, meditare per 10-15 minuti, fare ginnastica o stretching per 10 minuti, bere il solito frullato o un bicchier d'acqua, ed ancora stilare la lista di obiettivi del giorno.

Il rituale mattutino può consistere anche in semplici gesti che ci mettano di buonumore già ad inizio giornata, come giocare col nostro cane o gattino prima di uscire di casa, ma soprattutto dovremmo puntare alle azioni che davvero ci danno benefici per la giornata: per individuarle, abbiamo bisogno di provare varie opzioni nel tempo.

Attenzione anche ad eliminare le distrazioni. Se vogliamo prenderci cura della nostra felicità, dovremmo rifiutare notizie, e-mail ed SMS che arrivano troppo presto al mattino. Tali distrazioni intaccano la naturale serenità mattutina necessaria per esercitare la gratitudine ed acquisire consapevolezza.

Continuiamo quindi a vedere esempi di rituali mattutini, stavolta più nel dettaglio.

- Bere acqua. È fondamentale mantenere il nostro corpo e soprattutto la nostra mente idratati, iniziando la giornata con un bel bicchiere d'acqua. Pensiamo infatti che, quando siamo svegli, raramente passiamo tante ore senza bere; quando ci alziamo alla mattina siamo stati ben 6-8 ore senza bere acqua, dunque è importante provvedere subito a questo bisogno. Possiamo anche bere acqua calda e limone, per alcalinizzare le cellule del corpo e mantenerlo a temperatura stabile.

- Fare una colazione nutriente. La maggior parte della gente fa colazione al mattino, ma il corpo e le necessità nutrizionali di ciascuno di noi sono diverse. Dunque non basta consumare la solita colazione di yogurt, latte o cereali. Dovremmo fare vari tentativi per capire quale alimento assunto a colazione ci dà più energia, appesantendoci meno, insomma trovare l'alimentazione mattutina più congeniale al nostro organismo. La regola che vale per tutti è comunque quella di evitare cibi troppo zuccherati ed artificiali, e provare cibi semplici e ad alto contenuto energetico. Qualche idea per una colazione salutare: due uova sode, una fetta di pane proteico, frutta di stagione ed un tè. Oppure yogurt greco magro, fiocchi d'avena integrale, un frutto ed un caffè.

- Fare esercizio fisico. Abbiamo già menzionato più volte la sua importanza. Fare attività fisica al mattino non toglie ma fornisce energia, chiaramente se non compiamo sforzo eccessivo. Niente di complicato, basta fare qualche minuto di flessioni, un po' di yoga, o una corsetta all'aperto ascoltando musica. Con il giusto tipo di esercizi bastano solo venti minuti, ad esempio, praticando esercizi ad alta intensità, come aerobica, salti, affondi e squat, verranno attivate più aree del corpo nello stesso momento, facendoci risparmiare tempo e guadagnare in salute.

- Godersi il silenzio. L'importanza terapeutica del silenzio è notevole in un mondo dove siamo perennemente esposti al rumore della città, del traffico, della televisione, del cellulare, e chi più ne ha più ne metta. Semplici momenti di puro silenzio possono aiutare a riordinare le idee in vista della giornata che ci attende.

- Meditare. Anche la meditazione è già stata menzionata nei paragrafi precedenti. Alcuni sono per così dire scettici all'idea di mettersi a meditare, e probabilmente questo pregiudizio è dovuto al fatto che questa attività viene associata all'universo spirituale e new age. In realtà, meditare apporta dei benefici notevoli, come confermato da molte persone di successo che praticano regolarmente la meditazione. Questa è semplicemente formata da silenzio, calma e concentrazione messi assieme, ed è praticamente innegabile che tale combinazione sia vantaggiosa per chiunque. Chi non ne trarrebbe beneficio? Nel caso fossimo dubbiosi e non sapessimo da che parte cominciare con la meditazione, potremmo provare diverse app di meditazione guidata.

- Dedicare più tempo alla famiglia. Il lavoro, più tutti gli impegni quotidiani, possono risucchiarci completamente, soprattutto se gestiamo un nostro business o attività, che richiederà ben più delle consuete otto ore di lavoro giornaliere. Non dobbiamo però dimenticarci di trascorrere del tempo coi nostri famigliari e di prenderci cura di loro, non solo per il loro benessere, ma anche per noi stessi. Potremmo quindi ritagliare del tempo per inserire questa fondamentale attività proprio nella routine mattutina.

- Leggere un buon libro. Come per la meditazione, anche i vantaggi della lettura sono indubbi. Leggere sin dal mattino stimola nostra mente ed amplia le nostre vedute. Potremmo cimentarci in un genere di lettura per noi nuovo rispetto ai precedenti - sempre che abbia un contenuto positivo - oppure una buona idea sarebbe quella di andare in libreria e scegliere un libro che ci ispiri, o di riprenderne in mano uno che non abbiamo mai finito di leggere, anche perché al giorno d'oggi tendiamo a leggere sempre più online, e molto meno dal classico formato cartaceo.

- Scrivere per impostare gli obiettivi della giornata (e non solo). Come degli imprenditori, probabilmente abbiamo anche noi una 'to do list' con tante voci. Steve Jobs diceva: "Negli ultimi 33 anni mi sono guardato allo specchio ogni mattina e mi sono chiesto: se oggi fosse l'ultimo giorno della mia vita, sarei felice di ciò che sto facendo? Ed ogni qualvolta la risposta era no per troppi giorni di fila, sapevo che avevo bisogno di cambiare qualcosa". Quando stiliamo la nostra lista, attenzione però a non venire sopraffatti da tutte le cose da fare e perdere il focus dall'obiettivo principale del giorno. Proviamo allora a mettere per iscritto i nostri tre obiettivi principali come primo step della routine mattutina, partendo da quello che a tutti i costi dobbiamo portare a termine, quindi sempre elencandoli in ordine di importanza. Scrivere merita comunque un'attenzione particolare, infatti si tratta di scrivere non solo per elencare gli obiettivi della giornata, ma anche per esprimere meglio i nostri pensieri, tirar fuori le idee che abbiamo in mente: in questo modo potremo sfruttare i tanti vantaggi della scrittura. Non necessariamente dobbiamo stilare dei testi veri e propri, basterà appuntare alcune idee e spunti su un diario per darci maggiore entusiasmo a inizio giornata. Nel diario, giorno per giorno, possiamo anche incorporare l'esercizio della gratitudine, che semplicemente consiste nell'essere grati per tutto quello che abbiamo, che siamo, e per il mondo che ci circonda. Potremmo inizialmente sentirla come una forzatura, perché magari non proviamo davvero gratitudine, ma non dimentichiamoci del potere di autopersuasione dei nostri pensieri sulla mente stessa; così, continuando a ripetere l'esercizio, alla fine inizieremo davvero ad "aprire gli occhi" e provare questa gratitudine, perché noteremo piccole cose alle quali prima non prestavamo attenzione. Dunque, fare una lista delle cose per cui siamo grati questa mattina, o di quello che è successo il giorno prima, delle lezioni di vita che abbiamo appreso, o dei momenti più belli che vogliamo ricordare, o ancora dei buoni propositi per oggi – non soltanto in termini di obiettivi! - o una scarico libero di quello che ci passa per la testa, emozioni, preoccupazioni, sogni.

- Scriviamo anche una lista dei nostri valori, in ordine di importanza, perché quando abbiamo ben chiari i nostri valori, agiamo di conseguenza, con più fermezza. Spesso nella vita siamo indecisi perché non sappiamo bene a quali valori diamo più importanza e a quali meno. Invece, se abbiamo bene chiari in testa i nostri valori prioritari, prendere una decisione diverrà più facile. Stiliamo allora una lista di valori: pace, libertà, onestà, serenità, integrità morale, amore, amicizia, etica, divertimento...eccetera. Una volta fatta la lista, numeriamoli o disponiamoli in ordine d'importanza.

- Scriviamo anche delle affermazioni positive, l'ideale sarebbe anche leggerle ad alta voce così da farle penetrare profondamente nel nostro inconscio, così dopo qualche settimana di questo esercizio, l'inconscio inizierà a credere ed essere convinto esso stesso di queste affermazioni, come già visto per l'esercizio di gratitudine. Basta pensare che il 95% delle nostre azioni sono guidate dall'inconscio! Per esempio, potremmo scrivere: io sono indipendente da ciò che gli altri pensano di me, io sono felice, io mi accetto per come sono, io ho energie infinite...e così via. Il potere di queste affermazioni è grande, poiché andranno ad influenzare i nostri comportamenti senza che nemmeno ce ne accorgiamo.

Vediamo infine altri consigli su come partire da zero a formare il nostro rituale mattutino e mantenerlo nel tempo. La parte più ardua sarà proprio iniziare. Il trucco è trovare la scintilla che dia il via a tutto, ad esempio, se la nostra necessità primaria è rimetterci in forma, ci imporremo di alzarci tutte le mattine prima del solito per andare a fare jogging al parco; se invece la necessità è migliorare il nostro livello d'inglese, ci alzeremo presto per tenere nota dei nostri progressi, vocaboli nuovi e quant'altro su un quaderno.

- Iniziamo con un punto fermo, ovvero partiamo scegliendo un rituale che pensiamo possa avere su di noi maggiore impatto, e facciamone il nostro punto fermo, mettendolo da subito in pratica ogni giorno. Questo dev'essere il rituale che dà il là a tutto il resto. Ad esempio, potrebbe essere assai utile iniziare bevendo un bicchiere d'acqua. Serve a reidratare il corpo, ma è anche un gesto semplicissimo e "simbolico" per dare avvio alla giornata e proseguire col resto della routine. Dopo aver bevuto acqua, sembrerà ancora meno impegnativo continuare con yoga, corsa, o le altre attività che ci attendono. Atteniamoci al nuovo rituale per almeno un mese, prima di sommarvi altre nuove attività. Il rituale deve diventare un tutt'uno con la nostro risveglio, tanto da sentirci strani se non lo pratichiamo, come se ci mancasse qualcosa, come se uscissimo di casa senza scarpe ai piedi o senza esserci lavati i denti. Per molti, il punto fermo consiste nello svegliarsi con un certo anticipo, ad una determinata ora.

- Una volta stabilito il punto fermo, aggiungiamo man mano altre attività, nell'ordine che più ci si addice. Procediamo gradualmente nell'aggiunta, in modo da non andare in confusione e non sovraccaricarci, infatti l'eccessivo impegno è solitamente il motivo per cui si molla il rituale mattutino e si ritorna alle vecchie abitudini.

- Apportiamo modifiche e facciamo delle prove, se constatiamo che un nuovo rituale non fa per noi e non ne traiamo beneficio. Solo provando impareremo cosa è meglio per noi, quindi manteniamo ciò che si rivela utile ed eliminiamo il resto.

- La cosa più importante, una volta trovato il rituale adatto a noi, è mantenerci costanti nel praticarlo, per renderlo irrinunciabile, così presto ci ritroveremo a compierlo in modo automatico e senza sforzo.

Mettendo in pratica questi accorgimenti, ci renderemo conto di come "il buongiorno si vede dal mattino". Occorrerà del tempo per sviluppare una routine mattutina ottimale, ma ciò che importa è prendere le decisioni che danno inizio alla giornata con vera consapevolezza.

Come rimuovere abitudini negative e de-potenzianti

Benjamin Franklin disse: "E' più facile prevenire le cattive abitudini, piuttosto che cambiarle". Affrontiamo ora un punto cruciale nel discorso sulle abitudini. Tutti noi abbiamo delle cattive abitudini, dei rituali che seguiamo da tempo e che ci fanno entrare nella cosiddetta 'comfort zone', uno spazio o circostanza in cui ci sentiamo a nostro agio e protetti.

Facciamo attenzione a queste cattive abitudini, perché più le reiteriamo, più sarà difficile eliminarle. Oltre ad essere spesso dannose per noi e la nostra salute, queste abitudini negative sono anche ostacoli che si frappongono tra noi ed il raggiungimento dei nostri obiettivi, in quanto ci allontanano sempre più dal cambiamento desiderato, quindi dobbiamo imparare a superare questi ostacoli.

Facciamo un semplice esempio, nel quale probabilmente anche molti di noi si ritroveranno. Sara, la quale tra due mesi andrà al mare, ha intenzione di dimagrire di 5 kg e tonificarsi, per sentirsi più sicura di sé ed attraente nel suo nuovo bikini. La partenza si avvicina, e Sara dovrebbe allenarsi in palestra tre volte a settimana, ma qui viene il difficile, poiché Sara, quando torna a casa dal lavoro, ha l'abitudine di togliersi le scarpe e mettersi comoda sul divano, a consumare patatine e snack guardando la tv.

La lezione di crossfit in palestra inizia alle 19, ma per Sara è troppo faticoso alzarsi e rinunciare al suo momento di relax, e al solo pensiero di andare a sudare in palestra, preferisce restare comoda sul suo divano. Così succederà che Sara si allenerà una sola volta a settimana, magari due, rallentando il suo obiettivo di dimagrimento entro la scadenza prefissata. Dunque in questo banale caso, qual è la cattiva abitudine di Sara? Quella di cedere alla stanchezza e alla pigrizia, che la ostacoleranno dal raggiungimento del suo intento.

Le abitudini negative rendono faticoso ed in salita il percorso verso una vita appagante e salutare, e ci allontanano dalla versione migliore di noi stessi, potenzialmente raggiungibile. Se non le fermiamo, ci ritroveremo senza accorgercene giorno dopo giorno ad aver sprecato tempo e risorse, e con la nostra salute mentale e fisica rovinata.

Indaghiamo meglio su quali siano le cause delle nostre abitudini negative. Qualunque cosa, dal rosicchiarsi le unghie allo spendere una fortuna in shopping inutile, il bere nei weekend o fumare eccessivamente, o lo sprecare tempo su internet e cellulare, sono semplicemente una risposta allo stress e alla noia quotidiani, un modo per meglio affrontarli. Per chiunque è praticamente impossibile sottrarsi del tutto a noia e stress, quindi si tratta di apprendere dei nuovi e sani metodi per gestirli, per non dover più ricorrere a queste abitudini negative. Come spesso nella vita, pure le cattive abitudini nascono per riempire un vuoto, quando ci sentiamo annoiati, tristi o demotivati, iniziamo affannosamente a cercare qualcosa che compensi queste emozioni negative, dandoci piacere immediato: spesso però tali comportamenti andranno a discapito del nostro benessere nel lungo termine.

Come spezzare questo circolo vizioso? Dobbiamo prima di tutto prendere una decisione importante, ossia capire cosa vogliamo veramente. Affermazioni comuni come "voglio essere felice", "voglio rimettermi in forma", "voglio guadagnare di più" sono vaghe e lasciano il tempo che trovano. È importante sostituire a queste frasi obiettivi definiti, specifici e misurabili, e non eccessivamente ambiziosi, insomma alla nostra portata. Certo il salto di qualità non è semplice ed immediato. Chi penserebbe mai di mettersi a meditare anziché mangiarsi le unghie, o di uscire a fare una passeggiata anziché ingurgitare uno snack ipercalorico?

Chiaramente non è un cambiamento che si può attuare dall'oggi al domani, ma ci vogliono forza di volontà e perseveranza per perdere le cattive abitudini; è fondamentale cambiare lo schema mentale che è alla base di una determinata fissazione. In realtà, parliamo di come sostituire, ostacolare queste brutte abitudini, non di come eliminarle del tutto, poiché non esiste nessuna bacchetta magica per farlo, ma seguendo alcuni suggerimenti, e sommando la nostra forza di volontà, si possono senz'altro fare progressi.

Le abitudini scorrette sorgono per riempire un vuoto, quindi se cerchiamo di eliminarle, anziché sostituirle, quel vuoto prenderà il sopravvento sulla nostra forza di volontà, e ci ritroveremo sconfitti al punto di partenza. Se dopo i pasti non possiamo proprio fare a meno di una sigaretta, proviamo invece a lavarci i denti.

Dobbiamo agire con furbizia, usando il piacere a nostro vantaggio, ossia quando sostituiamo la brutta abitudine, pensiamo a qualcosa che, se fatto, ci dia grande piacere e soddisfazione, che ci faccia migliorare nel lungo termine e che soprattutto rinforzi la nostra autostima. Molti di noi stanno probabilmente cercando da anni di smettere di fumare, o di scialacquare denaro in shopping ed acquisti inutili, o di fermare altri comportamenti che causano disagio, ma purtroppo le brutte abitudini sono spesso profondamente radicate in noi e difficili da intaccare. Questo perché le nostre cattive abitudini soddisfano bisogni fondamentali e ci consentono di avere sensazioni che desideriamo fortemente - anche se siamo consapevoli che portano con sé varie conseguenze sgradevoli - non è quindi solo una mera questione di autocontrollo e forza di volontà.

Come procedere dunque?

- Prima di tutto, annotiamo tutte le nostre abitudini attuali, ciò che facciamo con regolarità, e dividiamole in due colonne, buone e cattive abitudini. Ci renderemo così conto di quante azioni compiamo senza nemmeno rendercene conto. Ci vorranno magari un paio di giorni per diventare consapevoli di tutte le nostre abitudini e completare la lista.

- Come già detto nei precedenti capitoli, sono le abitudini a determinare il conseguimento dei nostri obiettivi, quindi prima di tutto dovremmo avere ben chiaro in mente che cosa desideriamo, per sapere come raggiungerlo, e, di conseguenza, per modificare le nostre abitudini quotidiane. Dunque il secondo step è quello di pensare consapevolmente agli obiettivi che vogliamo raggiungere. Per esempio, se desideriamo avere un fisico scolpito dobbiamo ovviamente metterci in testa di smetterla con la sedentarietà, ed andare ad allenarci il più spesso possibile. Ogni abitudine produce un risultato, quindi riflettiamo se le nostre attuali abitudini sono in accordo o in disaccordo con ciò che desideriamo, e modifichiamole di conseguenza. Ogni scelta fatta oggi determina il futuro domani!

- Individuate le abitudini negative e gli obiettivi desiderati, passiamo all'analisi delle nostre cattive abitudini: esse sono ardue da sradicare perché garantiscono una ricompensa immediata, ma analizzandole e capendo da dove derivano, quali sono le loro cause precise, sarà alla lunga possibile cambiare atteggiamento e sostituirle con nuove abitudini positive.

- Dunque il successivo passo è quello di scegliere le nuove abitudini da introdurre, delle quali abbiamo assolutamente bisogno se vogliamo raggiungere gli obiettivi sperati. Possiamo come sempre metterle per iscritto su un foglio da conservare in un luogo ben visibile.

- Inoltre ragioniamo sui vantaggi che potremmo concretamente ottenere, sui risultati che saranno del tutto diversi da quelli finora ottenuti, e dei quali non siamo soddisfatti. Se smettiamo di fumare la salute ci ringrazierà, se smettiamo di mangiare malsano riusciremo a raggiungere il peso forma, se riusciamo a vincere la pigrizia e ad andare in palestra, otterremo il fisico dei nostri sogni. I pensieri positivi ci aiuteranno a restare motivati e a non mollare a metà strada.

- Dimentichiamoci di risultati immediati e statistiche, e prendiamoci tutto il tempo necessario al cambiamento, non creiamoci troppe aspettative, non stressiamoci. Piccoli cambiamenti fatti passo dopo passo ci regaleranno grandi risultati alla fine del percorso, dunque non è consigliabile stravolgere la nostra routine di punto in bianco. Iniziamo da cose fattibili, ad esempio, se vogliamo smettere di fumare, iniziamo col diminuire a una sigaretta al giorno. Lavoriamo su una sola abitudine alla volta, siamo pazienti e consapevoli del vero motivo per cui stiamo attuando un cambiamento in una certa area della nostra vita, proseguiamo con costanza e vedremo che i risultati non tarderanno ad arrivare. Ricordiamoci che non è possibile generalizzare sul tempo necessario a consolidare una buona abitudine, perché tutto dipende dai fattori in gioco: quanto è importante il cambiamento che stiamo affrontando, quanto è radicata in noi l'abitudine negativa, e così via. Niente fretta dunque.

- Se pensiamo troppo in là, questo sarà per noi controproducente, stiamo in un certo senso ingannando la nostra mente, quindi il percorso richiede alta concentrazione, volta alla volta. Piuttosto dobbiamo concentrarci sui cambiamenti a breve termine, e se incappiamo in difficoltà non teniamo tutto per noi, chiediamo consiglio ad un amico, o svaghiamoci ascoltando musica.

Ribadiamo che le nostre abitudini determinano i nostri risultati di vita, quindi noi siamo il frutto delle abitudini adottate da quando siamo nati fino ad oggi. Modificando le nostre abitudini, possiamo letteralmente modificare la nostra vita. Facciamo ancora un esempio per comprendere più a fondo questo concetto. Vediamo come, a parità di circostanze, abitudini differenti possano portare a situazioni del tutto differenti.

Nel primo caso, abbiamo Enzo che odia il suo lavoro, non fa altro che piangersi addosso, e passa tutto il tempo libero al cellulare e guardando serie tv. Queste abitudini l'hanno portato a diventare sedentario e a trascurare il suo benessere psicofisico. Il risultato sarà che Enzo continuerà a fare il lavoro che odia e a commiserarsi, perché è impigliato nelle sue brutte abitudini, che gli impediscono di trovare una via d'uscita.

Nel secondo caso, abbiamo ancora Enzo che odia il suo lavoro, e che tuttavia si impegna ogni giorno per trovare una soluzione a questo problema, e passa tutto il tempo libero a migliorarsi e a studiare per poter un giorno ottenere un lavoro migliore. Inoltre, per sentirsi più motivato, Enzo va regolarmente in palestra e si prende cura della sua persona. Stavolta il risultato sarà che Enzo col tempo otterrà il lavoro che vuole perché è concentrato sulla soluzione, invece che sul problema, non si piange addosso, ma ha messo in pratica una serie di buone abitudini che lo porteranno sempre più vicino al suo intento.

Questo semplice esempio ci mostra come, a parità di circostanze, scegliere di adottare buone o cattive abitudini porterà a dei risultati di vita completamente diversi. Ora dovremmo avere chiaro più che mai il potere delle abitudini, e l'importanza di sostituire le vecchie abitudini de-potenzianti. Vediamo altri suggerimenti utili al raggiungimento del nostro scopo.

- Scegliamo un sostituto della cattiva abitudine, mettiamo per iscritto un piano d'azione per rispondere alternativamente alla noia o allo stress, anziché la solita cattiva abitudine. Anziché fumare, facciamo delle flessioni, o meditiamo per dieci minuti, o facciamo un esercizio di gratitudine.

- Non proseguiamo solitari nella nostra missione di metterci a dieta o di smettere di fumare, solo per paura che altri ci vedano fallire. Uniamo invece le forze, facciamo gruppo o facciamo coppia con qualcuno che abbia i nostri stessi propositi ed impegniamoci insieme a smettere, in modo da motivarci a vicenda. Sapendo che altri si aspettano da noi un miglioramento, ci sentiremo responsabilizzati nel percorso di cambiamento e più motivati ogni giorno.

- Dunque troviamo persone coi nostri stessi ideali, che vivono nel modo in cui noi stessi vorremmo vivere; trovare nuovi amici non significherà abbandonare le consuete compagnie, ma teniamo a mente il potere di trascorrere più tempo con persone che ci ispirino e motivino al cambiamento, poiché vediamo in loro un modello positivo. Da loro possiamo imparare come affrontare in modo alternativo i bisogni alla base delle vecchie abitudini da sostituire.

- Parliamo ora di segnali, o agganci, quelle determinate cose, persone o circostanze che immediatamente ci ricordano e fanno scattare in noi la cattiva abitudine. Dobbiamo assolutamente tagliare più segnali possibili dalla nostra vita. Se mentre beviamo ci viene anche voglia di fumare, allora evitiamo di andare al bar; se appena ci sdraiamo sul letto la prima cosa che facciamo è prendere il telecomando per fare zapping, nascondiamo il telecomando da qualche parte, per non averlo sott'occhio. Se mangiamo le patatine in busta quando le abbiamo in dispensa, allora non teniamole più lì, o meglio ancora, non compriamole del tutto! In sostanza, modifichiamo l'ambiente attorno a noi, rendendolo funzionale ai cambiamenti che vogliamo attivare, così sarà più semplice spezzare la catena di abitudini de-potenzianti.

È essenziale avere disciplina, non continuiamo a rimandare, sperando che il cambiamento verrà da sé. Il fatto stesso di sostituire un'abitudine deve diventare la nostra abitudine quotidiana, quindi ogni giorno richiede impegno. Se vediamo che il cambiamento fatica ad arrivare, potremmo considerare di cambiare aria, modificare il nostro consueto ambiente, poiché è vero che tutto parte dalla mente, ma anche l'ambiente circostante ha un peso importante su ciò che pensiamo e facciamo. Inoltre, prepariamoci e prevediamo il fallimento, pianifichiamo anche i possibili inciampi e le relative mosse per recuperare.

Anche tenere nota dei nostri progressi quotidiani e rileggerli di volta in volta ci caricherà di motivazione per proseguire. Trovare la giusta motivazione è un altro punto saliente, infatti spesso aver deciso un fantastico obiettivo non basta, è solo una meta da raggiungere, ma se non siamo sufficientemente motivati al cambiamento, ci ritroveremo presto a capitolare.

Quando decidiamo cosa vogliamo davvero, e fissiamo il nostro obiettivo, fermiamoci sempre a chiederci il perché. Se vediamo che non siamo in grado di trovare sufficienti ed adeguate risposte a questa domanda, allora fermiamoci a riflettere, perché probabilmente non avremo mai la forza necessaria a contrastare la passività dello 'status quo'.

Tra le cattive abitudini peggiori, e che sfortunatamente interessano una grossa fetta della popolazione, rientrano quelle inerenti la sfera alimentare, e quelle che causano l'insonnia e cattivo riposo. Data l'ovvia importanza di alimentazione e riposo nella nostra vita, dedichiamo le prossime righe all'approfondimento di questi temi.

Le brutte abitudini si fanno largo anche tra i più disciplinati di noi e un'alimentazione non sana può portare diversi problemi alla nostra salute. Le abitudini diventano così tanto radicate in noi da non rendercene nemmeno più conto, e il responsabile di tale meccanismo è il cervello, esattamente la ganglia basale, la parte del cervello predisposta all'acquisizione delle abitudini, vantaggiose e non. Una delle abitudini che più incide sulla nostra routine quotidiana è il mangiare, perché ovviamente ogni giorno dobbiamo nutrirci. Per questo dobbiamo essere ben consci di quanto l'ambiente circostante incida sulla nostra cattiva alimentazione.

Un esempio classico è quello di stare davanti alla tv, soprattutto in quest'epoca dove spopolano serie tv e Netflix, e di rilassarci consumando un quantitativo smodato di snack come patatine e bevande gassate e zuccherate.

Ecco allora che avere un controllo sull'ambiente circostante contribuisce a migliorare da subito le abitudini negative e a sostituirle con quelle positive. Posizionare della frutta fresca dove solitamente si lavora, sarà in grado di aumentare del 70% la quantità di frutta che introdurremo nella nostra dieta giornaliera.

Quante decisioni riguardanti il cibo prendiamo nell'arco di una giornata? E soprattutto, sono scelte consapevoli e ragionate? Uno studio ha dimostrato che ne prendiamo più di 200: sono le cosiddette abitudini, e proprio per questo non vi prestiamo molta attenzione, perché vi siamo abituati, quindi spesso non sono scelte alimentari saggie.

Se cambiamo in modo positivo l'ambiente intorno a noi, possiamo più facilmente ottenere di rimpiazzare le cattive abitudini, ad esempio bevendo molta acqua, mangiando più fibre e frutta. Insomma possiamo ingannare il cervello, per esempio usare piatti più piccoli diminuisce la quantità del cibo contenuto in esso del 22%, di conseguenza anche il cibo che assumeremo.

Dedichiamo un altro piccolo suggerimento a quello che i nostri figli mangiano a scuola e alle abitudini alimentari scolastiche. Una ricerca svolta nelle mense americane dimostra che posizionare un cesto di frutta vicino alla cassa porterà ad un aumento considerevole del consumo di frutta da parte dei bambini, e che se su questi frutti attacchiamo un'etichetta colorata, vi sarà ancora un ulteriore aumento. È stato provato inoltre che mangiare in un ambiente pulito porta all'assunzione di meno cibi spazzatura e di cibi più sani. Insomma con semplici gesti e trucchetti quotidiani, possiamo rivoluzionare le nostre abitudini alimentari.

Veniamo ora all'insonnia: essa è per definizione "una condizione di insoddisfazione inerente la quantità e la qualità del sonno, contraddistinta sia dalla difficoltà nell'iniziare il sonno, sia nel mantenerlo". L'insonnia diventa un problema critico se la situazione sopradescritta si ripete per tre o più notti a settimana, nel corso di più mesi, pregiudicando anche le altre attività giornaliere, e se l'insonnia persiste a lungo può diventare anche cronica. Un sonno di qualità è infatti fondamentale non solo per riposare e rigenerare il corpo, ma anche per aumentare la nostra memoria ed attenzione, mantenere equilibrati i livelli ormonali del ritmo sonno-veglia ed il metabolismo attivo.

Spesso l'insonnia prolungata si associa anche ad altre patologie croniche, non necessariamente di natura psichiatrica, quali bassa tolleranza al glucosio e diabete, obesità, deficit cognitivi, ipertensione, alcolismo, depressione o ansia. Possiamo riconoscere l'insonnia da alcuni segnali distintivi: difficoltà ad addormentarsi, frequenti e repentini risvegli notturni, sonno non riposante, stanchezza, ansia, sonnolenza ed irritabilità durante la veglia.

Le cause più comuni di questo disturbo sono apnee notturne, l'assunzione di alcuni farmaci, periodi di forte stress, ma anche uno stile di vita sregolato ed abitudini errate. Spesso alcune cattive abitudini sono sufficienti a compromettere e disturbare il sonno, basti pensare all'utilizzo eccessivo di computer, tablet e cellulare prima di addormentarsi, al consumo smodato di caffè, tè o alcolici a tarda ora. Ed ancora la pessima abitudine di abbuffarsi a cena, in particolare consumando cibi proteici renderemo la digestione più difficoltosa e sfavoriremo un sonno di qualità.

Anche praticare attività fisica a fine giornata può essere controproducente, anche se magari lo facciamo per stancarci, perché in realtà ci rende più attenti e svegli, e sarà ancora più difficile prender sonno; meglio dunque praticare della ginnastica rilassante e mangiare leggero.

L'attitudine delle persone di successo verso la vita

Spesso ci chiediamo quali fattori siano necessari per raggiungere il successo: è solo questione di talento o anche di fortuna? Tutto dipende da una sorta di talento innato, oppure bisogna sforzarsi giorno dopo giorno nella scalata alla vetta? Il successo è in un certo senso il nostro destino, o è invece nelle nostre mani? Ed ancora, le persone nascono già con una naturale inclinazione alla leadership, o siamo tutti potenziali vincitori?

La risposta che diamo alle domande sopraelencate definisce il nostro atteggiamento mentale nei riguardi della vita, ed anche del business e del lavoro. Se crediamo che il successo derivi da un talento o inclinazione naturale, probabilmente abbiamo un'attitudine mentale fissa. Se invece crediamo che le seconde opzioni siano le più valide, la nostra attitudine mentale è flessibile e volta alla crescita. Questa diversità di vedute divide nettamente in due lo scenario dei professionisti d'oggi.

uelli con un'attitudine più statica credono che la forza del talento innato sia tutto, e che il successo sia più dovuto al caso e alla fortuna. Perciò si impegnano nel provare a se stessi e agli altri le abilità che hanno acquisito, evitano le sfide e gli ostacoli, e pensano che l'apprendimento sia in fondo uno sforzo inutile. In altre parole, per loro la predisposizione al comando è inscritta nel DNA, c'è oppure non c'è, vedono solo bianco o nero.

Altri professionisti con un'attitudine flessibile e orientata alla crescita vedono più sfumature, sono magari inizialmente meno sicuri di sé, ma spinti dalla voglia di imparare e crescere, lavorano duro sia sulle abilità che già hanno acquisito, sia sui punti deboli, per trasformarli in punti di forza. Non hanno paura delle sfide, ed anzi sanno fare tesoro dei feedback e risultati negativi, ne ricavano insegnamenti utili per migliorarsi in futuro, dunque per loro tutte le esperienze quotidiane, belle e brutte, sono una palestra per allenarsi e crescere. Sono convinti che nel tempo diventeranno migliori e più forti.

Ovviamente saranno i secondi, apparentemente svantaggiati in partenza, ad ottenere maggiori risultati, perché anziché accontentarsi dello 'status quo', lottano e crescono con costanza e grinta, abbattono gli ostacoli; a differenza dei primi, che sfruttano solo in parte il loro innato potenziale, anche per paura del fallimento. Questa differenza di attitudine non solo caratterizza le persone ed i singoli professionisti, ma anche le imprese e le aziende.

Spesso ignoriamo che persone con le stesse risorse a disposizione, e che hanno fissato per se stesse gli stessi obiettivi, ottengono risultati molto diversi a seconda del loro modo di porsi alla vita, all'attitudine, o atteggiamento. Abbiamo già visto questo importante punto nel capitolo precedente su come rimuovere le abitudini negative, ma vale la pena rivederlo e approfondirlo. Perché in fondo l'atteggiamento con cui ci poniamo dinanzi ai casi della vita dovrebbe avere una tale importanza, addirittura più rilevante dell'avere o meno in partenza una certa abilità o risorsa? Ciò è spiegabile col forte legame che l'atteggiamento ha con la nostra autostima, infatti il modo in cui ci comportiamo nelle varie situazioni è la manifestazione più chiara e diretta dell'immagine che abbiamo di noi stessi.

In base alle nostre convinzioni, ci orienteremo naturalmente verso due contrarie tipologie di comportamento: propenderemo per un atteggiamento realistico, obiettivo ed equo quando metteremo in gioco tutte le qualità dentro di noi, allo scopo di raggiungere il risultato desiderato. Contrariamente, propenderemo per un atteggiamento non realistico, non obiettivo e non equo quando non utilizzeremo le qualità in noi -

poiché pensiamo di non averne! – e ci metteremo in dubbio a causa della poca fiducia in noi stessi.

Se pensiamo che il raggiungimento dei nostri risultati è altamente connesso a questa scelta di atteggiamento, scopriremo che sono proprio le persone che si pongono positive alla vita, con pensieri ottimistici ad essere in grado di fissare obiettivi realistici. L'attitudine positiva alle varie situazioni consente alla persona che la adotta di immaginare concretamente risultati positivi e possibili da raggiungere con successo. Parliamo di "scoperta", perché spesso pensiamo erroneamente che le persone più ottimiste e sognatrici sprofondino nelle loro illusioni, e vivano sulle nuvole. Non è forse capitato anche a noi a volte di rimanere segnati da qualche vicenda negativa, da un risultato non raggiunto, e allora di non immaginare più obiettivi ambiziosi per noi stessi, per non illuderci in partenza, e restare ancora una volta scottati?

In realtà, quando siamo consci delle nostre capacità, crediamo in noi stessi, e fissiamo quindi una meta conseguibile, sappiamo prevedere la successione di 'step' per avvicinarci sempre più. Siamo anche consapevoli delle difficoltà che possiamo trovare lungo il cammino e che quindi sarà necessario suddividere il lavoro in tanti micro-obiettivi per arrivare al traguardo finale. Invece la seconda tipologia di persona, o di atteggiamento, è il sognatore che non sa valutare in modo realistico le proprie qualità e la realtà circostante, e quindi punta sempre più in alto rispetto ad un traguardo conseguibile, invece di procedere gradualmente.

Tornando a parlare di imprese e aziende, l'adozione dei due tipi di attitudine, statica o dinamica, porterà conseguentemente a due diversi tipi di impresa: quella statica, dove non vige la meritocrazia, le posizioni ed i ruoli sono fissi, i dipendenti non hanno grandi possibilità di crescita e per questo sono poco motivati ad esporsi e a fare di più, quindi resteranno scontenti nell'immobilismo della gerarchia, senza senso di appartenenza al "tutto" dell'impresa.

La tipologia di impresa dinamica invece è orientata al cambiamento e alla crescita, crede fortemente nel talento ma anche nello studio, quindi spinge i propri dipendenti a migliorarsi, ad esporsi e a prendersi anche dei rischi allo scopo di crescere. I dipendenti provano senso di appartenenza, si sentono parte attiva di un progetto comune e si fidano dei loro leader, quindi sono ovviamente più motivati dei dipendenti del primo tipo di impresa.

Alcune tra le maggiori aziende del mondo che hanno scelto questo stile virtuoso e dinamico hanno dato vita ad appuntamenti fissi per i loro dipendenti, come Microsoft che ha lanciato la manifestazione annuale 'hackathon', dove i dipendenti Microsoft di tutto il mondo possono partecipare attivamente, fare nuove proposte da sviluppare in team e con cui scendere in pista a gareggiare. I vincitori ottengono fondi per realizzare i loro progetti, e possono così mettere in luce a livello mondiale il loro talento ed ottenere la visibilità giusta per andare a ricoprire ruoli di prestigio.

Dopo questa interessante parentesi, andiamo a vedere ciò che differenzia l'atteggiamento delle persone di successo che raggiungono i propri goal, da quello delle persone che invece fanno fatica.

Prima di tutto, la progettualità, la pianificazione. Chi ha successo nella vita è in primis una persona ottimista e realista; inoltre non si butta mai a capofitto, quasi "a caso", in un nuovo progetto, perché sa che è necessaria una dettagliata pianificazione, fatta di tanti piccoli traguardi giornalieri, per arrivare vittorioso al risultato. Quindi non soltanto sa individuare un obiettivo e la relativa pianificazione, ma anche e soprattutto sa trovare le strategie adeguate.

Poi il passare all'azione. In seguito ad una ragionata divisione del lavoro, la persona di successo si mette subito in movimento svolgendo delle azioni, quindi produce cambiamenti, ha una visione del futuro e sa cogliere i giusti segnali dall'ambiente. Chi invece ha meno successo, anzitutto non ha attitudine al pensiero positivo e realistico, e di conseguenza si lancia nel suo progetto senza alcuna pianificazione e tende ad interrompere l'azione alle prime difficoltà che incontra, si mette a rimuginare e pensare che forse ha fatto male ad iniziare quel progetto, è titubane e mette in dubbio la propria autostima e forza di volontà.

Il terzo elemento di differenziazione è costituito dalla coscienza delle difficoltà. È convinzione comune che la persona dall'atteggiamento positivo faccia più pensieri ottimistici perché non vede e non considera gli ostacoli che potrebbero presentarsi. È una convinzione in realtà errata, che è necessario ribaltare, perché in realtà quel tipo di persona sa bene che si verificheranno difficoltà o momenti duri, ma sa anche di avere le qualità ed abilità per affrontarli e superarli con successo. Diversamente da chi ha un atteggiamento negativo, e non vede affatto gli impedimenti meglio degli altri, semplicemente è che non accetta le difficoltà, le vede come dannose e negative, quindi non vuole nemmeno sentirne parlare e metterle in conto nel proprio percorso. Sono questo tipo di persone a non essere in grado di prevedere quali situazioni si potrebbero presentare perseguendo un certo obiettivo, non prevedono certi eventi, anche a causa della loro minore esperienza a lanciarsi e sperimentare novità, quindi non sanno di avere in loro delle utili risorse a cui ricorrere per superare le battute d'arresto, e sprecano tali risorse, non lavorando su di esse, non si mettono alla prova perché temono il fallimento. Una tecnica utile per sviluppare la consapevolezza delle difficoltà è quella di scrivere una lista di questi potenziali ostacoli e dei relativi strumenti che abbiamo a disposizione per evitarli o per fronteggiarli. Un altro senso in cui è importante avere consapevolezza è il 'locus of control' interno, ossia la tendenza ad interpretare i risultati delle proprie azioni e delle proprie scelte come determinate solo da se stessi, e non da cause esterne. Si riconosce così la responsabilità individuale degli eventi, e questo incrementa la progettualità e l'azione (viste nei primi due punti).

Questa consapevolezza si collega alla seguente abilità, quella del pensiero critico. Chi sa osservare la realtà sociale, trovando i potenziali ostacoli e le potenziali risorse, così come analizzare aspetti positivi e negativi della propria persona, sa valutare la "fattibilità" dei propri intenti, e sa riconoscere la funzionalità o meno di certi comportamenti, ha il dono del pensiero critico.

C'è anche il pensiero creativo. Esso consiste nel saper generare nuovi idee e punti di vista, soluzioni alternative, vedere le cose da più angolazioni, e quindi avere doti intuitive ed immaginative.

Altro elemento a fare la differenza è l'apertura ai consigli altrui, l'essere pronti ad ascoltare gli altri.

Gli unici discorsi da non considerare e dai quali non farsi influenzare sono le critiche negative sul proprio progetto, critiche denigranti, non costruttive, insomma senza un fondamento. Chi raggiunge i suoi traguardi è pronto ad accogliere tutto ciò che può essere utile e costruttivo e a lasciarsi scivolare addosso le affermazioni di chi non crede in lui, della serie 'non ce la farai mai'. Invece, chi si pone con attitudine negativa, non è affatto aperto al confronto, tende ad evitarlo e ad ascoltare solo le persone che in qualche modo confermino la sua visione pessimistica del mondo e delle cose. Possiamo estendere questo punto, che rientra nel più ampio spettro di 'skills' sociali, alle abilità comunicative in genere, il saper entrare in connessione con l'altro, comprenderne sentimenti e pensieri, essere assertivi e saper ascoltare in modo attento; all'empatia, l'entrare in sintonia con gli altri e comprenderne le emozioni come fossero le proprie. L'empatia è importante per costruire con facilità relazioni intime e stabili, consentendo anche di offrire e ricevere supporto dalla società; all'avere senso dell'umorismo e mantenere un sorriso anche dinanzi alle avversità.

L'ultimo elemento di differenza proprio delle persone di successo è la lamentela. Le persone ottimiste tendono a lamentarsi meno e a non incolpare gli altri o se stessi se le cose non stanno andando per il verso giusto. Potrebbero sì farlo in momento di profondo sconforto, ma più come un semplice sfogo senza brutte ricadute sulla realizzazione del progetto, per poi lasciare spazio ad una ritrovata autostima e spinta all'azione. Gli ottimisti raramente mollano il colpo di fronte a una situazione complicata. Chi invece è solito vedere tutto nero casca tendenzialmente nella trappola della lamentela che non porta da nessuna parte, si lamenta di se stesso e soprattutto degli altri, trova molte cose ingiuste nell'ambiente e nelle circostanze esterne, si reputa sfortunato e spera che "la prossima andrà meglio". Inoltre spesso si circonda di persone pronte a supportare e confermare i suoi pensieri negativi con ulteriori lamentele.

Riflettiamo bene su questi punti se abbiamo già un obiettivo in mente, così da poter prendere consapevolezza del nostro atteggiamento ed aggiustarlo, e prepararci efficacemente al lavoro che ci aspetta sulla via del traguardo. Ricordiamoci che il nostro attuale modo di porci nelle situazioni che viviamo è solo conseguenza e specchio della nostra autostima, quindi se pensiamo che questa non sia sufficiente, dobbiamo prima di tutto lavorare più a fondo sulla fiducia in noi stessi prima di pensare a come arrivare a un concreto cambiamento.

Continuiamo a scoprire le caratteristiche delle persone vincenti. Indipendenza: chi sa agire sulla base dei propri valori e obiettivi senza lasciarsi condizionare dal giudizio altrui ha più probabilità di successo. La motivazione, l'essere in grado di trovare nelle proprie risorse interne la spinta ad agire. La responsabilità, l'essere un individuo attivo nei gruppi, nella comunità, partecipando ed assumendosi le responsabilità delle proprie azioni. La flessibilità di sapersi confrontare e saper negoziare, fare compromessi, senza prevaricare gli altri. Ed ancora la speranza, nel senso di tendenza a pensare che gli eventi siano gestibili, quindi indirizzabili al positivo grazie all'uso delle proprie qualità e dell'attivo impegno personale, e che gli imprevisti incontrati nella vita possono spingerci a reinventarci e rafforzarci, con risultati positivi nel futuro. Sempre riguardo al futuro, abbiamo la chiarezza di obiettivi che si vogliono raggiungere in accordo alle proprie potenzialità e ai propri desideri; il successo nell'ottenere risultati quando portiamo a termine gli impegni; le forti aspettative, che chiaramente devono mantenersi realistiche; la tenacia e persistenza nel continuare; le aspirazioni formative, il voler imparare sempre più ed accrescere le competenze; l'entusiasmo e fiducia nel futuro, ed infine la coerenza nelle nostre scelte e nella ricerca di senso e significato nella propria esistenza.

Passiamo ora all'interessante caso di Albert Gray: costui era un assicuratore, un uomo comune, ma anche un ottimo osservatore, poiché per oltre trent'anni girò gli Stati Uniti vendendo polizze vita. Grazie al suo lavoro infatti, Gray entrò in contatto con migliaia di persone, ed ebbe l'opportunità di conoscere in profondità quella generazione che nel ventesimo secolo trasformò gli Stati Uniti nella potenza mondiale che attualmente sono. La sua straordinaria esperienza, lo portò a diventare uno stimato conferenziere, e proprio durante una delle sue famose conferenze, nel 1940, Gray tenne il suo più celebre discorso dal titolo "Il denominatore comune del successo".

All'epoca, molte persone erano sicure che l'unico segreto per il successo fosse il duro lavoro, eppure quanti uomini abbiamo visto e tutt'ora vediamo lavorare duro ogni giorno, senza comunque mai avere successo? E viceversa, altri che ottengono il successo, senza aver lavorato duro. Dunque l'arduo lavoro, per quanto importante nel raggiungimento dell'eccellenza, non era il vero segreto del successo. Studiando ed osservando le vite delle persone di successo, si può capire che quel segreto non sta unicamente nelle loro azioni, ma pure nelle loro motivazioni. Il denominatore comune del successo di queste persone, riscontrabile in centinaia e centinaia di casi, è l'abitudine di fare ciò che le persone comuni non amano fare. Possiamo non credere a quest'affermazione, o cercare di smentirla, ma alla fine solo così si spiega perché molte persone istruite, piene di qualifiche e che lavorano duro alla fine falliscono, mentre altre con ben poche chance raggiungono un successo inimmaginabile. Il fatto stesso che il successo venga raggiunto da una piccola minoranza di persone ci mostra come esso non possa essere conseguito seguendo la ricerca temporanea del piacere o i nostri fugaci istinti.

Ci staremo ora chiedendo quali sono queste attività che le persone comuni non amano fare, ebbene sono esattamente le medesime attività che io, tu, noi e anche le persone di successo non amiamo fare e tendiamo quindi a rimandare infinitamente. In che modo allora le persone vincenti riescono a farsi andar bene ciò che tutti noi, per natura, cerchiamo di evitare? Semplicemente non lo fanno, ossia continuano ad odiare e a voler procrastinare queste attività, ma, diversamente dalle altre persone, sono consapevoli che se prima fanno le cose che non amano fare, più avanti realizzeranno gli obiettivi che desiderano realizzare.

Teniamo bene a mente dunque: "Se fai le attività che non ami fare, realizzerai gli obiettivi che ami realizzare". Ma come le persone di successo, a differenza delle altre, sono arrivate a maturare questa consapevolezza? Ci sono riuscite perché hanno davvero uno scopo, e chi ha uno scopo fisso sa rimandare il piacere immediato per ottenere più in là i suoi obiettivi. Chi invece non ha uno scopo ben preciso, al contrario, rimanda il suo obiettivo per ottenere un piacere immediato.

A questo punto qualcuno di noi si starà domandando: "E provvedere a se stessi o alla propria famiglia non è uno scopo abbastanza grande per arrivare al successo?". Ebbene no, non lo è, poiché per l'essere umano è più semplice adattarsi ad una vita che non desidera davvero, piuttosto che sforzarsi di fare ciò che è – o sarebbe – necessario per ottenere la vita che idealmente desidera. Lo scopo sarà infatti abbastanza grande per noi solo se sarà anche emozionante; infatti, mentre i bisogni sono logici e materiali, i desideri sono carichi di emozioni. Se il nostro scopo sarà solo logico, dunque vuoto, smetteremo di perseguirlo non appena saranno stati soddisfatti i nostri bisogni. Se invece sceglieremo per noi uno scopo emozionante, un concentrato di sogni, continueremo a rincorrerlo finché non avremo soddisfatto i nostri desideri più grandiosi.

Finché viviamo, non dimentichiamoci allora che la grandezza del nostro successo è direttamente proporzionale alla grandezza del nostro scopo, e che potremo perseguire tale scopo solo se saremo capaci di formare la particolare abitudine di fare ciò che le persone comuni non amano fare.

Concludiamo infine il capitolo con esempi motivazionali di persone che hanno saputo superare la crisi ed arrivare alle vette del successo.

Joe Vitale

"Una cosa accade soltanto se ci credi davvero, ed è crederci che la fa accadere."

"La chiave è stare nel momento presente, con consapevolezza e gratitudine."

È un imprenditore e saggista americano, noto per aver preso parte al film The Secret. Ha vissuto un periodo di forte crisi, infatti era un senzatetto che dormiva un po' dove capitava. Oggi è un affermato autore di tanti best seller, con un patrimonio di qualche milione.

Chris Gardner

"Non permettere a nessuno di dirti che quello che desideri è irraggiungibile. Se hai un sogno, devi difenderlo. Se vuoi qualcosa, vai e prenditela. Punto."

Ha ispirato il bellissimo film La ricerca della felicità di Gabriele Muccino con protagonista Will Smith. Gardner ha vissuto la sua crisi personale in totale povertà e per giunta con un figlio a carico. Anche lui ha passato anni difficili come senzatetto, dormendo dove capitava, in aeroporti, parcheggi, sui mezzi pubblici, nel suo stesso ufficio, e pure in un bagno chiuso della BART. Oggi ha un patrimonio netto di circa sessanta milioni di dollari.

J.K. Rowling

"Non abbiamo bisogno della magia per cambiare il mondo: abbiamo già dentro di noi tutto il potere di cui abbiamo bisogno, abbiamo il potere di immaginare le cose migliori di quelle che sono".

Non possiamo non conoscerla. È la famosissima autrice di Harry Potter, il maghetto di fama mondiale, che ha conquistato grandi e piccoli. La Rowling ha raccontato più volte di aver vissuto varie crisi nella sua vita, prima su tutte quella successiva alla morte della madre, affetta da sclerosi multipla. Successivamente, sposò un portoghese ed ebbe una figlia nel 1993, ma sfortunatamente il matrimonio non funzionò e la Rowling andò a vivere a Edimburgo dalla sorella. Era una madre single e senza lavoro, e racconta di essere sopravvissuta in quel periodo solo grazie alle indennità sociali, in più soffriva anche di depressione. Prima di giungere al successo ha "fallito" diverse volte, essendo stata rifiutata da diversi editori, prima di trovare l'occasione che le ha cambiato la vita per sempre. Oggi la Rowling ha un patrimonio netto di circa 1 miliardo di dollari.

Og Mandino

"Come posso cambiare? Se mi sento depresso canterò. Se mi sento triste riderò. Se provo paura mi butterò nella mischia. Se mi sento inferiore indosserò vestiti nuovi. Se mi sento incerto alzerò la mia voce. Se provo povertà penserò alla ricchezza futura. Se mi sento incompetente penserò ai passati successi. Se mi sento insignificante ricorderò le mie mete. Oggi sarò padrone delle mie emozioni."

Una delle più belle storie di riscatto. Mandino voleva diventare uno scrittore, ma la morte della madre, avvenuta subito dopo il conseguimento del diploma, lo segnò in maniera profonda, tanto che abbandonò ogni speranza di mettersi a scrivere. Ci riprovò anni dopo, ma fallì ad ogni tentativo di vendere il suo materiale. Dopo queste sconfitte, trovò un lavoro come venditore di polizze assicurative e si sposò. Successivamente iniziò un periodo infernale per lui, poiché la sua famiglia cadde in una gravissima crisi economica, e lui si ritrovò con enormi debiti che lo fecero sprofondare sempre di più lontano dal suo sogno. Si abbandonò all'alcol, fu lasciato dalla moglie, e perse casa e lavoro, e a quel punto contemplò persino il suicidio.

A questo punto racconta che vagabondando in una giornata gelida e piovosa entrò in una libreria per trovare calore e riparo, e fu lì che la sua vita cambiò, da quando iniziò a leggere libri motivazionali che gli diedero una carica inaspettata e gli consentirono di migliorare nettamente la sua vita. Da quel momento in poi, grazie alla sua consapevolezza e alla sua perseveranza, divenne prima direttore di una famosa rivista, e successivamente *autore*. I suoi libri motivazionali hanno venduto oltre trenta milioni di copie in tutto il mondo e sono stati tradotti in più di trenta lingue.

Conclusione

Riassumiamo un'ultima volta i punti salienti sulle abitudini analizzati in questo libro. Ti consiglio di leggerli ogni giorno, preferibilmente alla mattina quando ti svegli. Magari potresti anche incorporare la loro lettura nel tuo nuovo rituale mattutino!

- La nostra vita è costellata di abitudini.

- Dalle nostre abitudini dipende il raggiungimento degli obiettivi.

- Dal raggiungimento degli obiettivi possono dipendere il miglioramento della nostra vita e la nostra felicità, quindi le abitudini sono fondamentali per l'essere umano.

- Ad accomunare le persone di successo è l'abitudine di fare ciò che gli altri non amano fare.

- Per nostra natura, tendiamo a rimandare gli obiettivi per ottenere un piacere immediato. Solo chi ha uno scopo vero è in grado di rimandare il piacere immediato per conseguire i propri obiettivi.

- Il nostro scopo non può essere vuoto e razionale, deve essere emozionante.

Citando il grande Oscar Wilde: "Non voglio essere in balìa delle mie emozioni. Voglio servirmene, goderle e dominarle".

Ci sentiamo ora pronti a motivati a prendere in mano le redini della nostra vita, cominciando dalle abitudini positive, diretti con forza e vigore al cambiamento, ai nostri obiettivi, a cambiare la nostra vita?

Ora che sappiamo molto di più sull'argomento, abbiamo gli strumenti necessari per farlo, quindi diamo il via alla magia!

Consigli di lettura

AUTODISCIPLINA: L'arte e la scienza della Disciplina: come sviluppare autocontrollo, resistere alle tentazioni e raggiungere tutti i tuoi obiettivi

Combatti le tentazioni, domina i tuoi impulsi, dì addio alle scuse. Impara ad essere DAVVERO resiliente.

Sappiamo che dovremmo essere più disciplinati nella nostra vita, così come sappiamo che dovremmo risparmiare più saggiamente, o mangiare più sano. Ma solo il fatto di sapere qualcosa non implica che sappiamo **COME** farlo.

"Auto-Disciplina" è una vera e propria guida per tutti coloro che tendono a procrastinare e rimandare a domani ciò che potrebbero fare oggi.

Ti insegnerà lezioni importanti e profonde, ma in modo chiaro e semplice. Scoprirai come andare avanti quando il gioco si fa duro, senza cedere o inventarsi delle scuse (*questo è ciò che fa la maggior parte delle persone*).

Vuoi imparare come resistere alle distrazioni, come perseverare attraverso le difficoltà del lavoro o della vita quotidiana, e come costruire una forza di volontà imbattibile?

All'interno di "Auto-Disciplina" scoprirai:

- Come sviluppare la mentalità giusta per controllare i tuoi impulsi

- Come superare le barriere che ti portano ad essere pigro e stanco

- Come iniziare **e finire** qualsiasi progetto tu voglia realizzare

- Tecniche e strategie prese in prestito dai manager e dagli atleti più disciplinati del mondo

- Come identificare ciò che ti motiva e ciò che invece prosciuga la tua energia, ogni giorno...

- Come sviluppare delle abitudini efficaci e una forza di volontà incrollabile

- Perchè è importante scegliere due biscotti al posto di uno...

- ... e molti altri consigli, tecniche e lezioni.

Questo libro ti aiuterà ad identificare i piccoli cambiamenti che puoi fare per ottenere enormi risultati nella tua vita. Scoprirai tecniche e **consigli pratici** per gestire nel migliore dei modi le tue giornate, la tua energia, il tuo tempo. Grazie ad essi, riuscirai davvero a tirar fuori tutto il tuo potenziale.

Spesso, quello che vogliamo ottenere non è così difficile da raggiungere. Ma è la nostra scarsa disciplina che ci trattiene: le nostre abitudini, le nostre dipendenze e la nostra zona di comfort ci controllano. Beh... sappi che questo non è il modo migliore di vivere. **Potresti ottenere molto di più dalla vita, se solo avessi una solida auto-disciplina.**

Scopri come aumentare la tua resilienza, diventare una persona disciplinata, e non arrenderti mai. Sono qualità importanti che tutti possono acquisire. Quindi, non perdere tempo...

Inquadra questo codice QR con la telecamera del tuo smartphone per costruire la tua disciplina, a partire da oggi!

Comunicazione Persuasiva: 2 libri in 1- Il manuale completo per capire, persuadere e controllare le persone grazie al Linguaggio del Corpo e alla Psicologia Nera

Sei alla ricerca di un testo completo per diventare un maestro della Comunicazione Persuasiva?

Questo libro è l'unione delle due principali opere di successo di Vincenzo Colombo:

- **Psicologia Nera: manuale di persuasione avanzata e manipolazione mentale - come coinvolgere, convincere e persuadere**

- **Linguaggio del Corpo: Come capire le persone e i loro comportamenti attraverso la comunicazione non verbale**

Sarà un viaggio completo per comprendere appieno tutti i meccanismi che entrano in gioco quando si cerca di persuadere e controllare le menti altrui nel modo più efficace possibile.

Nel primo libro l'autore tratterà la **Psicologia Nera**, cioè l'arte di manipolare i comportamenti e le decisioni delle persone: riuscirai a influenzare e convincere chiunque, anche se non sei mai stato bravo con le parole.

Nel secondo libro sarà invece analizzato il **Linguaggio del Corpo**, per insegnarti a leggere cosa scorre nella testa delle persone anche soltanto guardandole in faccia. Dopo averlo letto, riuscirai a smascherare bugie e inganni nel giro di qualche secondo.

Ecco alcuni dei contenuti che troverai all'interno di questo manuale:

- Come prendere il controllo di una qualsiasi conversazione

- Come capire all'istante la personalità di chi ti sta davanti dal suo tono di voce

- Come persuadere chiunque usando le più efficaci tecniche manipolative

- Come capire cosa pensano gli altri di te

- Come vincere qualsiasi discussione, anche se non sei mai stato bravo con le parole

- Come riconoscere i segnali fondamentali che il corpo invia inconsciamente: scoprirai cosa può celarsi dietro un falso sorriso...

Questo manuale è l'occasione perfetta per poter avere un quadro completo della Comunicazione Persuasiva e riuscire ad emergere tra la folla, a comprendere istantaneamente il prossimo e a controllare qualsiasi conversazione. Utile sia nella vita di tutti i giorni, sia in ambito lavorativo.

Quindi, non perdere tempo. Inquadra il seguente codice QR con la telecamera del tuo smartphone per imparare l'arte della Comunicazione Persuasiva!

www.ingramcontent.com/pod-product-compliance
Lightning Source LLC
Chambersburg PA
CBHW030911080526
44589CB00010B/256